Fritz Deppert/Christian Döring/
Hanne F. Juritz (Hrsg.)

leuchtendes legato in moll
Literarischer März 19

Fritz Deppert/Christian Döring/
Hanne F. Juritz (Hrsg.)

leuchtendes
legato in moll

Literarischer März 19
Leonce-und-Lena-Preis 2015
Wolfgang-Weyrauch-Förderpreise 2015

Mit Gedichten von Konstantin Ames,
Carolin Callies, Mara-Daria Cojocaru,
Özlem Özgül Dündar, Irmgard Fuchs,
Anja Kampmann, David Krause,
Rike Scheffler, Walter Fabian Schmid,
Sibylla Vričić Hausmann, Levin Westermann

In Zusammenarbeit mit der Stadt Darmstadt

Brandes & Apsel

Auf Wunsch informieren wir regelmäßig über das Verlagsprogramm:
Brandes & Apsel Verlag, Scheidswaldstr. 22, 60385 Frankfurt am Main
E-Mail: info@brandes-apsel.de
Internet: www.brandes-apsel-verlag.de

Folgende Institutionen unterstützen das Erscheinen des Werkes:

Kulturfreunde Darmstadt gGmbH

literarisches Programm 164

1. Auflage 2015
© Brandes & Apsel Verlag GmbH, Frankfurt am Main
Alle Rechte vorbehalten
Lektorat: Volkhard Brandes, Frankfurt am Main
Umschlag: Felicitas Müller, Brandes & Apsel Verlag, Frankfurt am Main
Umschlagabbildung: © willma... / photocase.de
DTP: Felicitas Müller, Brandes & Apsel Verlag, Frankfurt am Main
Druck: mdd ag, neu-isenburg, printed in germany
Gedruckt auf säurefreiem, alterungsbeständigem und chlorfrei
gebleichtem Papier.

ISBN 978-3-95558-158-9

Inhalt

Christian Döring
Vorwort

>Das Erste, was ich jemals im literarischen Bereich verfasste,
war ein Gedicht. Ich kann mich genau an denTag erinnern:
10. Oktober 2008.«

David Krause

In Darmstadt können Karrieren beginnen. Wolf Wondratschek
hieß 1968 der erste Preisträger, Ulla Hahn, Jan Koneffke, Kurt
Drawert, Raoul Schrott, Steffen Popp und viele andere folgten,
unter ihnen auch die heute prominenten Träger der Wolfgang-
Weyrauch-Förderpreise: das »who's who« in der Dichtung ist
durch Darmstadt geprägt.

>Ein Werk kündige sich an«, lautete ein diesjähriges sybillini-
sches Jurorenwort, dem wir uns gerne anvertrauen wollen. Denn
mit dem Leonce-und-Lena-Preis 2015 könnte auch die Karriere
von David Krause beginnen, einer der jüngsten Gewinner in der
traditionsreichen Geschichte dieses nun zum 19. Mal ausgetra-
genen Wettbewerbs – des renommiertesten Wettbewerbs in den
Angelegenheiten der Poesie im deutschsprachigen Raum für
Lyrikerinnen und Lyriker, die noch am Anfang stehen – wiewohl,
was kann in der Lyrik Anfang heißen?

Der Beginn dieses *Literarischen März* 2015 in Darmstadt war
von Sonnenschein und Sonnenfinsternis, einer Springflut an den
Küsten und dem kalendarischen Frühlingsanfang begleitet. Und
es wurde wie immer erst einmal rituell – wenn auch spannungs-
voll – mit Tombola-Geselligkeit bei der Auslosung der Lesungs-
reihenfolge für die ausgewählten und eingeladenen elf Teilneh-

mer, von denen drei mit einem Preis (vulgo: Scheck) die Bühne am Ende verlassen durften. Für die Statistiker sei angefügt: im Jahr 2013 waren nur neun Autorinnen und Autoren zum Vortrag nach Darmstadt eingeladen.

Es ist ein erstaunliches Phänomen: Die Feuilletons unserer Zeitungen und literarische Jurys entdecken gerade eine Gattung namens: Dichtung wieder – die allerdings ist in Hessens heimlicher Literaturhauptstadt nie in Vergessenheit geraten. Hier wird die Tradition gehütet – wozu die Dichtung gehört. Hier folgen über zwei Tage hundert Menschen neugierig und konzentriert hunderten von Gedichten und deren subtilen und manchmal selbst schon dichterischen Auslegungen.

Jan Wagner, der Formvirtuose, der noch vor zwei Jahren beim *Literarischen März* zu Gast war und uns damals die schöne Beschreibung von Lyrik als einer »autonomen Intelligenzform« mit auf den Weg gab, war eine Woche vor den Darmstädter Wettbewerbslesungen mit dem Preis der Leipziger Buchmesse für seinen jüngsten Gedichtband »Regentonnenvariationen« ausgezeichnet worden. Eine Sensation wurde in unseren Medien aufgeregt bejubelt und dabei vergessen, was ein Jan Wagner auch schon konstatieren musste: Bei Lyrik lauschen wir dem »unpopulärsten Genre, das die Literatur zu bieten hat«. Vielleicht wird aus Anlass einer solchen Vergabe eines großen Literaturpreises, mit dem bisher immer Romane ausgezeichnet wurden, endlich zur Kenntnis genommen, was alle, die sich als aufmerksame Zuhörer in der Darmstädter *Centralstation* alle zwei Jahre so zahlreich versammeln, längst wissen: Die Vitalität der zeitgenössischen Lyrik ist eigentlich unüberlesbar und unüberhörbar, nicht zuletzt für ein junges und wissendes Publikum, bei dem Lyrik ein Bestandteil auch der medialen Netzwerke ist, wo sie verbreitet wird und produktiv wirkt.

Dass der Anteil der Gedichtbände am Buchhandelsumsatz bei unter einem Prozent liegt – das wird dann zum fast irrelevanten Lamento, zumal der Büchertisch einer Buchhandlung vor Ort demonstrierte, wie auch Unverkäufliches verkäuflich werden kann. Was aber bekanntlich auch all die engagierten Kleinstverlage belegen, bei denen schon über Jahre das Phänomen der deutschsprachigen Dichtung nicht nur zum Schein blüht.

Ja, die »positive Diskriminierung« der Lyrik möge doch einmal aufhören. Warum müsse lyrisches Sprechen, so selbstverständlich eigentlich zu unserer Existenz als Grundbedürfnis gehörend, sich beständig rechtfertigen (wenn auf dem Nachttisch kein Roman sondern ein Gedichtbuch liegt), hieß es fast bittend während eines öffentlichen Gesprächs zwischen Heinrich Detering und Monika Rinck, das die Veranstalter auch dieses Jahr wieder dem eigentlichen Wettbewerb vorangestellt hatten: denn demonstriert nicht das zeitgenössische Gedicht seine Überlegenheit gegenüber erzählender Prosa nicht zuletzt in den Akten beständiger Selbstreflexion, die das Gedicht begleiten müssen? Schaut sich im Gedicht nicht die Sprache selbst zu?

Monika Rinck, die Autorin, die auch schon als Jurorin auf der Darmstädter Bühne brillierte, und mit einer Art tragbarer Bibliothek zum Gespräch erschien, sprach emphatisch amüsiert (und beseelt von Jacques Lacan und Roland Barthes und Christine Lavant) mit Heinrich Detering, der als Professor für neue deutsche Literatur, als Präsident der Deutschen Akademie für Sprache und Dichtung (natürlich in der »Wissenschaftsstadt« Darmstadt) und als Lyriker mit einem Faible fürs Komische und den Reim bestens das Publikum unterhielt – er hatte seinen neuen Gedichtband »Wundertiere« im Gepäck. Die Rolle des Reimens bei der Entstehung dichterischen Schreibens, die mögliche Eröffnung von Wahrnehmungen für das Neue, stand denn auch im Zentrum des Austauschs über das Gedicht (und wer erinnert sich nicht noch an den wunderbaren Komiker Heinz Erhardt, der bei dieser Gelegenheit als Vorfahre der *poetry slamers* ausgemacht wurde?)

Alle zwei Jahre möchten wir in Darmstadt erfahren, ob als hörender und lesender Zuschauer im Saal oder als Juror auf der Bühne, was junge deutschsprachige Dichterinnen und Dichter mit ihrem

Lyriker im Dialog: Monika Rinck und Heinrich Detering.
Foto: Jürgen Hartmann

Die Jury (v. l. n. r.): Norbert Hummelt, Sibylle Cramer,
Marion Poschmann, Insa Wilke, Kurt Drawert, Jan Koneffke.
Foto: Christel Steigenberger

Die Preisträger/innen (v. l. n. r.) Özlem Özgül Dündar, David Krause,
Anja Kampmann und Oberbürgermeister Jochen Partsch.
Foto: Jürgen Hartmann

Leonce-und-Lena-Preisträger 2015: David Krause.
Foto: Jürgen Hartmann

Wolfgang-Weyrauch-Förderpreisträgerin Özlem Özgül Dündar
Foto: Jürgen Hartmann

Wolfgang-Weyrauch-Förderpreisträgerin Anja Kampmann
Foto: Jürgen Hartmann

Talent, das bekanntlich erst einmal gratis zu haben ist, anzufangen wissen, wie sie sprachliche Traditionen und Zeiterfahrungen im Gedicht bewegen, verarbeiten, formen. Denn die vielbeschworene Unentbehrlichkeit der Dichtung wie auch dieses Wettbewerbs beweist sich dabei schonungslos.

2013 waren es 469, zuvor 482 und vor sechs Jahren 470 Einsendungen. 458 Einsendungen erreichten Darmstadt in diesem Jahr – einen erstaunlich gleichbleibenden Pegelstand literarischen Schaffens dokumentierend. Mit 254 zu 204 drückte sich auch dieses Mal wieder die höhere Zahl weiblicher Bewerbungen aus. All diese Einsendungen erreichten die ebenfalls der Poesie zugewandte Organisationsfee Kanita Hartmann im Darmstädter Kulturamt, die ihre Kartons mit den Einsendungen an die lektorierende Vorjury (Hanne F. Juritz/Fritz Deppert/Christian Döring) weiterreichte. Im Wissen um eine souveräne Jury und eine kritische Öffentlichkeit, die jede Fehlentscheidung registriert, wurde wie immer urteilsstreng ausgewählt.

In die Kritikerrunde kamen dieses Jahr mit dem Lyriker und Übersetzer Norbert Hummelt und mit Marion Poschmann, Autorin von Prosa und Gedichten, zwei neue originelle Stimmen hinzu im Gespräch der Stammrunde um Sybille Cramer, Kurt Drawert und Jan Koneffke: Bereicherungen einer immer sublimen, geistesgegenwärtigen Auslegungskunst – reich an gelehrten Monologen und Exkursen zum lyrischen Sprachhandwerk. Und wie schon beim vergangenen Mal lenkte wieder die Moderatorin Insa Wilke die Gespräche, profund und professionell. Sie machte mit charmierender Gerechtigkeit die Wettbewerbssituation unter den Dichterinnen und Dichter vergessen.

Es ist eine schmerzende Sehnsucht, die den meisten Gedichten des Preisträgers *David Krause* innewohnt. Aus Kerpen, zwischen Köln und Aachen gelegen, kam er angereist.

Ein Unbekannter in der kleinen Lyrikwelt. Eine Art Überraschungsgast – wiewohl vom Lektorat ausgewählt. Ein junger

Autor, ein 27-jähriger, der mit seiner Präsenz das Publikum in die Stille trieb. In poetischen Bildern notierte er in einem intensiven und seine Gedichte frei memorierenden Sprechgesang-Vortragsstil Verlustanzeigen und Erinnerungen, die ein Bedauern festhalten – Gedichte im Refrain der Verlorenheit.

Es sind traurige Abschiede im Gedenken an einen »letzten Tag«, als alles endete, geschrieben in Bildern, die nach einer neuen Anwesenheit suchen: nach einer Unmittelbarkeit, die es vielleicht einzig im Gedicht geben kann. Pate steht hier, neben anderen, der zornig-zärtliche Autor-Rebell Rolf Dieter Brinkmann. Die Jury begründete ihre Entscheidung wie folgt:

> Der Leonce-und-Lena-Preis 2015 der Stadt Darmstadt wird David Krause zuerkannt. In seinen Gedichten geht der erst 27-jährige Autor ein hohes ästhetisches Risiko ein: er wagt noch einmal wie am ersten Tag unmittelbar sinnlich von den Dingen zu sprechen, wie sie sich dem schreibenden Subjekt in der Erinnerung und in ihrer unentrinnbaren Flüchtigkeit zeigen. Dabei gelingen ihm eindringliche Gedichte von großer sprachlicher Schönheit, in deren Fluchtraum das Ideal einer vollständig zurückgewonnenen Präsenz aufscheint. Die Gedichte bezeugen seine intensive Auseinandersetzung mit der literarischen Tradition, insbesondere mit dem Werk Rolf Dieter Brinkmanns, dem er im Zusammenspiel und Widerstand huldigt. Seine Gedichte erscheinen der Jury als verheißungsvoller Auftakt eines literarischen Werkes.

Mit den Gedichten von *Anja Kampmann*, die aus Leipzig kam, lernten die Zuhörer und Zuhörerinnen im Saal eine hochraffinierte Sprach- und Versarbeit kennen; ein Sprachhandwerk, das zu fragil angelegten Gedichtkörpern findet. Anja Kampmann, eine vielgereiste Autorin und nicht zuletzt vertraut mit mitteleuropäischen Ländern zwischen Maribor und Minsk, schreibt eine Tradition des Landschaftsgedichtes, der Naturlyrik fort und erweitert sie: »und ich als grenze träume«, hörten wir, lesen wir nun.

Die Landschaft, die Außenwelt wird anverwandelt, es existiert erst, was Sprache wird, Sprache entbirgt, vermisst die Landschaft und das Gedächtnis.

Und wenn die Sprache als eine »ungefähre«, wie es heißt, aufsteigt, dann beschreiben diese Gedichte von Anja Kampmann an den Wahrnehmungsgrenzen von Natur dieses zwischen Anschaulichem und Unanschaulichem, Sichtbarem und Unsichtbarem Perpetuierende, jene Schärfe, die zur Unschärfe wird und zu Schärfe finden soll.

Das ist ein Beweggrund aller Gedichte, das ist, in der Sprache der Darmstädter Jury »große Poesie«:

Den Wolfgang-Weyrauch-Förderpreis 2015 der Stadt Darmstadt erhält Anja Kampmann für ihre Versuche der Landschaftsvermessung. Mit einem poetischen Verfahren, das scheinbar das Ich der Natur anheim gibt, legt sie sowohl historische als auch politische Schichten frei. In diesen Gebieten, »in denen die angst sich nicht ausspricht aber anwesend ist«, wird lyrisches Sprechen zum Grenzgang zwischen Anschaulichem und Unanschaulichem, Raum und Zeit. Horizontlinien, Ränder und Zäune strukturieren ein unsicheres Gelände, das sich in seiner Sprachwerdung trotz präziser Beschreibung der Eindeutigkeit entzieht.

Die Gedichte von *Özlem Özgül Dündar*, die ebenfalls aus Leipzig nach Darmstadt kam, vollführen ein poetisches Exerzitium, wohlgemerkt: ein lustvolles, in der Bewegung von Sprache beim Formen eines Gedichts.

Von Sprachgittern, von Sprachstelen und Sprachblöcken war im Blick auf die optische Zurichtung dieser Gedichte im Blocksatz von Seiten der Juroren die Rede, von Gedichten, die eine Selbstvergewisserung über das Ineinander von Worten und Bildern im poetischen Sprechen initiieren.

Mit »vielleicht zu Worten werden« beschreibt die Autorin ihre stockend fragile Sprachsuche, die allerdings immer bedroht ist, wenn die »Worte stolpern« und »der verstand das/gespräch verlässt«, weil das sprechende ich nur im Erreichen eines anderen ich zu sich, zu einer dialogisch-sozialen Form finden kann. Die Jury begründete ihre Entscheidung mit folgenden Worten:

»wenn der verstand das/gespräch verlässt«, heißt eines ihrer Gedichte, und es meint die Beschädigung des Subjektes durch eine beschädigte Sprache. Özlem Özgül Dündar führt im Spannungs- und Widerspruchsfeld von Sprache und Sprechen, Fremdverwaltung und Selbstwerdung auf poetisch überzeugende Weise vor, wie eng die Physis unserer Texte mit der unserer Körper verbunden ist und soziales Handeln nur in den Paradigmen einer Ordnung der Sprache stattfinden kann. In einer Zeit des Werte- und Sprachverlustes sind sie ein humanitärer Appell. Ihr wird hiermit der Wolfgang-Weyrauch-Förderpreis 2015 zugesprochen.

In welcher anderen Stadt dürfen wir erleben, dass ein Oberbürgermeister, Jochen Partsch, der schließlich die Preisurkunden verleihen konnte, offenkundig selbst von dem Gefühl durchdrungen ist, dass die Poesie »unentbehrlich« ist?

Mittlerweile gehört es auch zu schöner Darmstädter Tradition, dass die drei Preisträger anschließend nach Berlin und München eingeladen werden – zu den Kooperationspartnern des *Literarischen März*: in die *literaturWerkstatt* und in das *Lyrik Kabinett,* wo mittlerweile auch schon ein Stammpublikum auf die Neuentdeckungen aus Darmstadt mit Neugierde wartet.

Foto: Christel Steigenberger

Konstantin Ames
sTiL.e(zwi) Saartiere

Dackelnuss – bekanntes Wumihn!
Ich hasse an sich per se schon
Verschlussgeräusche sind das Letzte.
Ich hasse sich schließende Türen.
Bloß Berliner Türen schließen am entsetzlichsten.
Eine Mutter radelt jeden Tag ihr
totes Kind unter einem Plastiksack
steckt s auf einem Kindersitz sitzt s zum Kindergarten.
Und wir fiebern mit.

(Dichter Rauch« 14.2.2012)

impromtumäßig

Dieses impromptuhafte Sprechen geht garnicht!

Beginn: 12.34, die Uhr kaum erkennbar für 1 Moment fällt Sonne
aufs Wasser. 1 Regionalbahn fährt unters Schloss. 2
Bäume, denn jeder Baum braucht nen Freund (Ross). 3
nämlich Schwan, Thesaurus, Kuli füllen die Seite.
4 Verbote füllen die Tafel
das Schießen der Bälle, das
Führen der Hunde, das Absteigen vom Rad
Das Füllen von Mülleimern verständlich betreffend
Wege an der Leine führen
Hunde nicht verlassen
Fahrradfahren sagen
Achtziger achten
An einer Stelle dieses Naturdenkmals stehend
die du mir zeigtest
wird das Jahrhundert fraglich

(4. gefallenes Gedicht« 20.5.2013)

ad libitum

Füße im Wasser zum ersten Mal
Rhein. Cool.
Bank erhitzt sich (sitzt sich
zumindest erhitzt), Schwan Frank
macht (Parasiten) sein Yoga.
Konstant reckt Imperia
die Arme
sonnengetrocknete Zehen gen See
hin wird beim Tier
ein Wetterfrosch positioniert.
Es wird sonnig über den hiesigen Wassermassen.

(Sehstuck« 13.6.2013)

virtuos, zumindest gekonnt

Bei ihrer Seherehre gepackt, im Nass ihrer Grautöne
gefühlt um Hülfe rufend, mit dem Hölderlinlineal
erhoben aus Schneesbrünsten der Peripherie, fuchtelnd
gefüllt mit Spiegelreflexkamerae und Konchen
um Ernst und seinen Sohn Ennui bemüht
Sinds blaue Fische mit Toiletten drin und Restaurant.

Der sklerotische Alte und sein Zopf von Krückstock
der auch längst Ironie und Nachwüchse
die Rapper, deren Groupies und deren Büstenhalter
leicht obenhin behandelt, tanzt Prancercise
zwischen den Gastanks der Karlsruhe und der Stuttgart
des Gestanks der Achtzigermusik wegen *video came
the radio stopped* über den Bodenseepizzen und Thymiandesserts

Wissen Sie bitte, wie gleichgültig mir ist, was Valéry und W. H.
　　　　　　　　　　　Auden über Gedichte wussten
und verloren. Gut gemacht, sagte der Hai zur Beute; gut gemacht
notre patois étouffe le tambour (Democratie) sag auch ich dir zu. Mein
Wahrzeichen ist der Raptus und mit großer Heineeinigkeit
vertilgen wir in Hanau, Hanoi und Haneu kein Tiramisu; wir
gedenken Frau Jedzigs Laden für zeitgenössische Masken und
　　　　　　　　　　　　　　　Hegemonie
in der Bahnhofstraße in dieser Hüfte von einem Städtchen nahe
Allensbach

(Seeergebnisse« 17.6.2013)

Zwei mit/ Abgeschlagenem/ sah ich heute (auf einer Bank)
sitzen. Man darf vermuten: durch Ejakulation gezeugt; siezen
ist ihnen genetisch nicht möglich; siezen würde ich sie nicht,
sie, die, mit den Wanzen unter der Haut, kann sein der Natur-
Lederjacke, die spannt, einer zweiten Haut gleicht, sie, die
neulich erst zum ersten Mal wen plattgemacht haben, diese
Verbrecher, sie würde ich nicht siezen, sie sind meine Brüder.
Niemand lässt die Köpfe tiefer hängen; niemand ist den Tasten so
                                                                    nah.
Niemand kann so sehnsuchtsvoll gen wolkenlosen Blauhai-
Himmel blicken, wenn er an 'nen Baum pisst. Sie schlafen nachts.
Sie können das. Sie begegnen ihren Feinden nur einmal.*
Man sieht nur ihre Hände, ihre Geräte, ihre
Wimpern sieht man nicht. Niemand wird Euch Eure Häute
so kompetent abziehen wie sie, Ihr ästhetizistischen Indianerkiller.

(Ames zu Zeiten der Frühlingsmesse« vor Morgensterns
100. Todestag)

---

* Dafür liebe ich sie. Sähen sie mich, töteten sie mich.

Mein eigen Blut, mein
Blut durch weiße Gewölbe
(ungemilchte Gläser Wolken drüber)
in einer Karstadttüte
tragen nichts dabei finden
Glatterer Hund. Möwiger Sund

(Flaneurhemd« 23.2. 2. St. Zi. 12)

Schutzbefohlene rufen: Die Revolution war stellenweis.
Kräuterbub meint Ames' Faust gehöre nicht auf
                                        eine Glatze Galore
Der Zigarette rauchende Polizist: Ich mag
Bräugel geht immer.   Ihn nicht.
Nietzsche in Jeans   Geh!
        Die Magie des Augenblicks hat's Ich nicht
Das CDU-Wahlwerbegeschenk schreibt/ gewaschen
                                nicht gut auf Papier auf Glas.
                        Ich
rasch rasch es hängt noch was
im baum rasch   Ichhabe
noch netto
was im baum   Ich habe nichts
        -rot-gelb
        gelben
harz, kein harz hält's   Ich habe nichts unecht's
netto fest droben da
flatter's fängt's

                                Ich habe nichts Unechtes getan
an zu
                soziales komma rascheln

                                (2. Amespastiche« 9.10.2013)

robust

Meister und Schüler sind nicht da einander
                    mit Auberginen zu schmeicheln.
Herr und Knecht haben die verschwundenste Aura.
Wer Totengespräche führen will, sollte das dürfen; Urlaub

braucht schließlich jeder Erinnerungen ans unreife
erlauchte und Ungeschundene mitten im Herbstanfang ...
                            bescheißt der?
Gedichte sind Wortkoffer – ausnahmsweise, Du Koffer!

Auf dem Fensterbrett liegt grau ohne SU neben Sepinwall, The
Revolution Was Televised Marchwitza, Mundstock, Brief zum
eingestampften Regenbogen darin an Funktionär
                            Wein, der zu singen ging.

Gedichte in 3D, dann dürfte die Dialektik pausieren. Tiere
gingen sämtlich samtig ein in Nacht. Gedanken.
Ganz schön schnöde sagst du dazu.

                    (Auberge de la Paix« 17.09.2013)

Zuß, Staub auf der Romantischen Straße, lauschte einer Art
Horoskop der Prosa im Jahrhundert, dies in einer Kasuistik
mustergültiger Romanschlüssen – in Schließmuskelsätzen:
rückhaltloses Lachen, wenigstens einmal im Jahr, und die Prosa ist
futsch verrutscht.«
unter seiner Feder brauen sich die Körner zusammen und enden als
weißer Fleck.«
schaltete ich unseren Ofen in der Grimmstraße ein und er war
dreckig, mal wieder, roch es so etwa wie Heimat: Brackwasser im
Schwimmbad am Stadtgarten.«
Zwei Bände Vico in meinem Schrank stauben nicht ein: Jeden Tag
eine Seite lerne ich auswendig, reiße sie aus dem Buch und spüle das
Gekaute mit Schnaps runter, das schmeckte wie arrogante
Mandeln.«
lass meine Eier übernehmen, sprach die Ingolstädter Punkerin; dein
Hirn ist eine Violine; aus ihrem Violoncello nahm sie einen
Killerschwan, der mir die Nase, wollte ich nicht spießig werden,
abbiss.«
21 Hunde bellten bei meiner Geburt. Mehr konnte die Mittelstadt
neben der Hütte nicht aufbieten.«
trinken Sie Wein mit Orangensaft vermischt? Sollten Sie aber nicht!
Haben Sie ungefähr Angst; dann erinnern Sie sich daran, wie viel
schlimmer es früher war!«
der besoffene Buchstab wars, der was er will auch kriegt: Krieg«
Zuß, Weltwaise, die in den Unterwegshaltestädten niemand
Willkommen hieß, sondern Zuß, sah nicht, Würmer statt Wimpern
rahmten die Augen, aß Katzenfleisch mit Mottensauce

Zuß-Saarlouis, dabb-ba

Gehen in gewissenhafter Nacht, in Büschen
wo Angst schön sich bäumt, da, Tôhpbàdd, hoch leuchten Träume

weit. Belecken lassen die aufgeschwitzte Lüge
die Zungenpatzer schwülen die Lüfte aufm Platzdarm

Halblind ist doppelt sowenig Schmutz in die Welt sehbar.

So viele Mauern und kein Talent zum Knäuel, das so wichtig
für die Ernte ist. Miau, Marschall, unn hall dei Schniss!

Schwermut findschde in Dillingen, Stummstrôß, sagt Saal-Louis
Dissnpack Akne Vorfett! wusste Leutnant von Wacker schon

Silberherzstraße ichchen Vaubaninsel ichchen kiwiw Halwer
Mond. Verjetzter Reiter, nie duzen sich Wände in den Kasematten
schwellender. Schwellendes

Ich
Wow

Nahe Ittersdorf, ehem. Zollhaus

Jungbauern gibt es.
Hat Icke nix ausgemacht, die stiernackige Wolke gestern.
Hätten auch weggekonnt, die Katzenaugen auf der L 354
über Ihn nach Niedaltdorf (Keltenhaus).
Icke sieht klassische Kühe, weiß-braun,
im Herbst gilbt's, den Vatikan freut's.
Jungbauern kochen Meth in verwitterten Scheuern.
Der Umgang mit Trouvaillen verrät nix über
Fähigkeiten, aber wirklich alles über Fertigkeiten.
Das Grün des Kläranlagenseechens ist heller, als das Grün,
in dem die Jungbullen (»unnam Zaun duosch!«) stehn.
Icke sieht in der Ferne die Kirche des Guldendorfs Leiding,
Korpusse (Rue-du-28-11-1944) im Gehölz neben dem Lehmweg
und etwas weiter rote Wimpelchen an Ästchen.
Der pensionierte Polizist, mit einer Hacke vom Bau Pfahllöcher
grabend sieht Icke vom zweiten Mal mit leerem
                                        Kinderwagen passieren
Icke hatte inzwischen Fotos von den Wimpelchen
geschossen und gleich den Vorsatz gefasst, ein
Naturgedicht dagegen zu schreiben; gleichwohl ein reflektiertes
Plakat *13. Grenzenlos-Messe/ 25.-27.10.2013/ Spirit & Heilen*
ward Icke Einsicht zuteil :
Fotografieren die Narren, komponieren die Zaren!
Jungbauern gibt's hier keine; der einzige
Jungbauer hier war jung als ich jüngst war.
Unter all dem dieser Lehm und diese Wackersteine,
die man nicht erobern kann. Die
Hirn-Gallenberg-Tour startet unweit.

Carolin Callies

öffentliche verkehrsmittel

du fährst mit dem zug ins bordell,
denn offene münder erlauben da viel.
das lecken beginnt mit dem fahrschein
& du klebst post-its an zu leckenden stellen.

vor ort ragt ihr die hälse ineinander wie blöd.
wir malen dir zuvor brüste auf, gelenkige brüste
& wenn du willst, auch ein krauses stück fleisch.

vorab aber entfernen wir die speisereste aus deinem mund
& die rosinen im zahnzwischenraum
& während wir dem schaffner winken,
lecken wir zumindest noch an deinen zähnen.

dir & dem feuchten

jetzt lass mal, verdammt.wir nehmen das pflaster
& kleben es über den fluss.
nebendran liegt ein massiges mundspiel,

das zweite & hemden genässt
& mir kommt diese nässe abhanden.
da lagen felle in den augen.

wir gaben einander den fuß & den mund;
der mund zuckte & lutschte an sich selbst
& ich trink dir den finger, das einzig magere ding an dir

& die augen bleiben behältnis.
zwei stellen brechen gleichzeitig auf.
wir legen das den küssen nahe:

die feuchten etagen zwischen zähnen & kronen
& du fragst: war das noch geschlechtsorgan
oder doch schon trockenobst?

wir wollten einen fluss draus machen,
wir machten eine wunde draus.
müde ist nur ein wort, müde ist nur ein auge,

das beauftragen wir wieder am montag,
wenn die tonnen draußen stehen.
du wirst mich müde erhalten & wir verschlafen das bestimmt.

leibenthoben

es herrschten verlockende bedingungen:
ich hab die geschichte in knete geschnitten &
münder warn offen & blank war der körper,
als schabte sich jemand die knete vom leib.

an puppen trug sich oft folgendes zu:
sie brockten sich mehr ein, als anständig war.
die masse, die knete & sittsam ihr beinkleid.
wir ertrugn's behaart & entblößten uns. schluss.

zwei enden eines jedweden stranges

wir glaubten ein stückweit an brosamenspiele
& aßen unlängst die hand voller brühe
& astronautenkost im ausgleich dazu

bis hin zu neuen versprechungen:
ich wollte dich da & du wolltest mich da.
ach, lass: wir zögerten nie, uns mit blut zu bewerfen

& boten uns gar ganze zyklen von an
& kniffen uns bieder im eiskalten wasser
& kneipten beizeiten.

wir wussten wie stets:
wir hatten uns einfach zu oft gewaschen.
die lippen sind ein seltsamer lappen

& dort, wo sie öffnen, da liegn sie heut noch
& setzen flüssigkeiten frei.
wir zierten uns nie in den fleichkohorten

& werkten das ganze als gipsmon-/fraktur
& tauften das torso & übten gar eifrig
& nimmerzu müde die münder daran.

der verknappung jeden zeitlichen mittels ein recht einräumen

am letzten tag, ich sag's dir heut,
werd ich mich nicht mehr waschen.
du ahnst es längst, ich riech danach
& riechen ist verschwendet.

in alten sommern sah's so aus:
wir wuschen stets das gleiche.
wir rochen heimlich fingern nach
& sahen dem vermehren zu.

ich sag's dir heut:
ein wenig nass, das seh ich mir am letzten tag,
am letzten tag da seh ich's mir von oben trocken an.
& heut sitzt du in meim urin, du hast es längst geahnt, my dear.

trockenübung
wir üben das totsein an alten maschinen
& brauchen dazu 1 hund & 2 fliegen
& finster sitzt da ein männlein dabei:

es sitzt auf seinen groben stümpfen
& überwacht die module am laufenden band,
die öffnen & schließen beliebig die türen

& lassen massenhaft rechnungen raus:
belief sich die summe jeder je gestellten rechnung
auf 1 hund & 2 kräftige fliegen,

die zu begleichen einem komitee
aus nahtoten männern zukäme, griente der greis
& wir üben an eimern & ordnern das sterben von vielen.

lepra (zirkelschluss)

es lag ein stück lepra in abgehangnen seiten von tierresten.
am zaun hing das, am zaun aus holz
& holz verfeuerten wir gestrig

& gestern erlagen wir der lepra & heute, heute singen wir davon:
von den seitensträngen, dem husten
& den vollgesognen tücher & heute

ist der arzt ein versoffenes tier.
in fahrigen nächten erlagen wir
den mullbinden im verbandskasten

& binden waren ein tatbestand.
darauf setzten wir uns,
denn solange man saß, war graben keine option.

am rest der tiere zu reiben, verursacht abdrücke
& sprechen wir dir mantraartig vor:
‖: in den wunden munter bleiben :‖ & sagten: es lag ein stück lepra.

sich kontuieren können

wir ziehn die linien wieder:
eine neue für die nase, eine weitere für das lid.
sind erprobte mechanismen. wir versichern dir's aufs neue:

zieh die linie in dein fleisch,
nimmt den nagellack zur hilfe oder anderes besteck.
zwischen haut & welt liegt häutchen. nenn's verlogen:

in den bogen voller haut liegt die brave, zahme nadel.
schütt dir haar auf, knöpf dir zöpfe.
ist 'ne magre schnur dazwischen, feste pläne & das schutzblech.

delirium

du lagst im rinnsal voll betrunkner linker hände.
dein vollgesognes kinn war kurz,
mansardenartig gar & oftmals menschenleer.
wir wollten nichts trinken & tranken ein jedes.

im suff erging sich das buttern am mittag / das essen von dübeln
& lichtscheue wesen unter deinem auge.
hast du bettzeug, linksgewendet? hochgewürgt ein fellchen.

ich kehrte samt & sonders in deine kehle zurück,
ein kriechen in maßen. das ernten blieb ein stückchen holz
(im winter soll's der ofen holen
– wir trinken kreide & frieren nicht), woraus schnaps zu machen
wäre.

schälbar warn noch die kartoffel & der rettich.
wir ernteten schalen, als seien sie trinkbar.
wir brannten den schnaps für auslagen im fenster.
in deinem gähnen wohnte jemand, der wohnte da ausdauernd,

erzählte dabei: *in flaschen ereignen sich dinge & in ihren hälsen...*
wir scherzten einander die mundkehlen zu. war das am morgen?
wir aßen, wir ließen's & konnten es nicht minder.

ist das ein mund hinter deiner hand?
ist das eine mansarde,
in der betriebst du geschichten in beuteln,
in würfeln & wir tranken's von den untertassen?

umzug

wir suchen 'ne kopfgroße wohnung im ort
& wohnten zuvor in den steinen am hang
& trugen wir fell, so war's nicht besonders
& molken wir vieh, so gehörte es uns.

nicht viel & wir schnitten die türen in äpfel,
nicht viel & wir sägten das fenster ins laub.
ich trug viel davon & zu tragen vermochten wir
steinobst & mäuse am zaunzeug aus unserem stall.

reise um die welt, illustriert in der eigenen hand

die umseglung von allerkleinsten dingen:
gehisst & kontinente auf den fingern.
hör dir das beredte zeug an: wer streicht denn heute noch segel

& wie viele koffer kannst du bauen?
an den füßen ein mahlwerk & kartenmaterial
& ein mund aus briefmarken.

die arche & das öhr
prämisse: alle tiere durch die öffnung eines nähwerkzeugs schicken

es waren schlanke tiere & klumpen auszumachen:
die dünnen & die flachen fische & zählbaren mikroben.

ja, das tun wir (punkt I): kleinstlebewesen verschiffen.
wir besticken die tiere bei überfahrt neu. wir besticken die felle
& nähen die beutel. das essen ist fädrich, wir flicken das heu
& fördern die tränke & alles läuft ein fließband entlang.

verladen erschwert sich im faible der fauna für haut & für
                                                                krumen.
ach, ließen sich für nägel & krallen pixel einsetzen
& schlohgefieder. die letzten tiere brachten wir in ordnern an bord
& im alphabet das sortieren der federn & der schnabellehre.

das großwild (punkt II) mussten wir, so gut es geht, verkleinern:
die hände, die beine, den lose gewordenen torso.
sie gerieten unter die lupe &
unters mikroskop & wir warn alsbald bereit.

übrig blieben nur die präparate (punkt III).
die gehörten sortiert & waren's nicht. wir stechen halt nun mal
                                                                in see.

Mara-Daria Cojocaru

Apropos Herr Goselmanu

Also, ich bin seine Katze, zur
Blutdrucksenkung den Ägyptern
Schon bekannt, und
Als der Alte wusste
Wie es um seine Seelenruhe stand
Entzog er sich
Zunächst den Schlaf
Dann hat das Schlitzohr
Mich in einer Flasche aus
Halluzinogen verquicktem
Zuckerglas in den Fluss
Gesteckt. Ich leckte, brav
Substanz – der Effekt
War: Darwin
Biss mir meine Krallen ab
In der Tat
Herrn Goselmanus Blutdruck sank und
Unterdessen trank ich, fand
Mich, mit der Auflösung
Der Flaschenwand
In seiner ruhigen Hand – seither
Schnurre ich, wenn man mich
Aus dem Wasser fischt

Strandlandschaft, ohne Hund

Der kleine Reiher, seidenweiß wie Meerschaumkronen
Schleicht in gelben Schuhen, nickt mir zu, ich gehe
Mit: 391 Schritt zum Strand

Wie in einem ruhigen Pool, Felsen, flitternd, für die Dauer
Bis zur nächsten Flut, die Gedanken glitzernd zwischen
Durchsichtigen Fischen schimmern

Muße nun und immer: Oberfläche, meine Füße fingern
Samt, Stimmen, helles Grün, übermooste Knochen
Breit geschlagen, liegt der Ozean

Ein Mann bespricht mich wie ein Fundstück: Sei vorsichtig
Denn wir sind nicht in unsrem Element. Deswegen
Ja: *Just, can I walk your dog?*

Kälte (neue Qualität)

Mir ist als ob ein Affe
Fliegt; er fliegt durchs All und zieht
Mich hinter sich

Wir sind wie Krosh und Ivasha. Unsere
Knochen, Muskeln halten uns in Position
Trotz alledem fühle ich mich

Schwer. Ich wähne Gänse, die mit
Verschränkten Hälsen, unter uns und
Rückwärts fliegen. Ich will

Hinterher. Was nicht sein kann, denn
Natürlich ergibt es keinen Sinn, sich im
Nichts noch zu bemühen

Angst lernen: Knaller, Amygdala

Man lacht viel; zelluläre Veränderungen, auch durch den
Lernprozess, Lärmprozess: akustischer Reiz – Angst – erstarrt
Das, was geschrieben steht, durchaus durchdacht. Ist es
Eine Orientierungsstudie? Ruhe. Schon

Gurgelt jemand lächelnd einen Zweifel hervor: Es geht um
                                                          Plastizität
Und darum, ob das Alter *eine Abweichung*
Macht virale Transduktion, führt zu Streuung der
Ergebnisse. Warum? Aber

Wir weichen ab. Perfusion. Unter
Isofluran? *Hat eine gute hypnotische und muskelrelaxierende*
Wirkung [...] nur schwach analgetisch – schmerzhaft. Zumindest
Eine zervikale Dislokation muss sein

Ich zwick mich, die Hautfalte bleibt
Stehen; ein Abbruchkriterium erfüllt; erneut quillt
Ein Lachen durch den Raum. Ich unterbinde; klinisch, präzise
Witzlos: die Hemmung, nur Grundlagenforschung zu behaupten

Erhebliche Zweifel: C57 black six[*]; kennst du eine, kennst du
Jede Übertragbarkeit auf andere
Genetische Linien sei nicht gegeben; d. i. auf andere Mäuse
Nicht, auf den Menschen, keine Frage. Lächeln

---

[*]   Später im Netz: Diese Maus
      Gibt es seit 1921; erst neulich
      War sie im Weltall. Darüber hinaus
      Ist sie äußerst geräuschempfindlich, auch
      Aggressiver als andere und rauft
      Die Rangordnung über die Haare aus – das

Seien wir ehrlich: Dass man die Angst des Menschen mit der
Dieser Maus vergleicht – das funktioniert schon
Depression zum Beispiel: _ist_ selbst _geheilt_. Auch ich
Muss nun lachen

Vergleichsstudien mit Primaten haben
Hierzu gezeigt: Menschen tun dies nicht monokausal, kaum
Nur aus Spaß. Sie lachen zur Beschwichtigung, aus Verachtung und
Vielleicht auch aus Angst – das selbst

Ist ein ganz anderes Signal

Nennt man _barbering_; auch Alkohol wird
Freiwillig konsumiert. Im Alter
Verliert sie potentiell das Gehör. Ein
Verlässliches, beliebtes Tier

Liebe,

Liebe *hero shrew*, ich wäre gern so
Stark wie du. Nach jeder Katastrophe
Schmerzt nicht nur mein Rückgrat
Mich, auch bleib ich immer immer
Ich hätt so gern dein Herz
Zu springen ins punktierte.

Gleichgewicht

Am Wasser unverborgen

Alldieweil ich so wie siebenjährig
Kopf gezwickt zwischen den
Knien, meine Kiesel zähle, Steinchen
Neben Steinchen ordne, was
Ein Unterschied, alle nehme
In der Mitte freie Fläche fege, neu
Komponiere, doch es fehlt die Harmonie
Setzt sich zu mir auf
Die Bank mein altes Ich, eine Dame
Ohne Zweifel, durchsichtig
Pflaumenfarben ist der Lippenstift
Schlehen ranken ihr Gesicht, klug und
Faltig, weiß wie Hagel fällt das Haar
Ich-Strich hat einen
Hund dabei, der mich gezielt begrüßt, und
Raucht auch wieder, mir so vertraut
Der Blick, zugleich verhangen
Durch mich hindurch, ich weiche
Aus, und streichle nur das Tier
Sein Auge goldmitkaramell
Gleich wie die gewissenhafte Ente nahebei
Es beginnt zu regnen, was der
Spektakuläre Erpel wieder überregistriert
Liebe Badegäste, wegen des Gewitters muss ich Sie bitten
die Becken zu verlassen; liebe Badegäste
Bitte verlassen Sie den See
Der umgestürzte Baum rauscht
Daraufhin nur einmal mehr
Ich steh nicht wieder auf. Die Ente bleibt
Ganz ungerührt und auch ich sortiere weiter mein Gefieder
Manchmal fällt das Atmen schwer und

Manchmal wieder Regen. Ich pluster mich und
Schieb die Federn über Kiel
Dann der Blitz: genau in
Meiner Sicht. Ich warte, atme und entspanne mich
Tief in seinem Grollen. Die Melodie, die mir dann
Entweicht, erweckt mein altes Ich
Ein Lächeln und Ich-Strich zieht mich
Endlich, anerkennend, fast
Mütterlich zu sich rüber

Für uns Menschen ist das natürlich völlig harmlos

Man sagt, der Schuppenflügler sei ein guter Indikator für
Die Stabilität eines Ökosystems – Stabilität oder… Was war
Die Frage
Ob der verkrüppelte Flügel
Schlag eines

Nehmen wir den BLÄULING, rund um Fukushima, rund um
Die Artikel, im Netz. Gossip Gaze
Kommentarselektion: Im Zentrum
Deformierte, verpixelte
Flügel, Augen. Augen, Flügel
Muster, am Anhang der Beine, Ausstulp der Brust: *ptera*
Und he
Spinnweben schwingen, blasses Gras flattert
Der grasblaue Blassfalter: *Zizeeria maha*
Erweitert seit einiger Zeit schon
Sein Verbreitungsgebiet, gen Norden, und dann
Dai ichi En Pe Pe
Da wird nicht übertragen, nicht übertrieben, doch: Frage
Was steckt im Erbgut dieses Schmetterlings

Ich hab selbst schon welche gezüchtet und
Da wir ja auch nur Mutanten sind
Abseits: Debatten zum vierblättrigen Klee
Die Entwicklung der Fauna und Flora in Pripyat ist

Interessant – das Meinungsbild

Zwischenzeit

Es ist soweit: Ich gleite von dem Farnblatt
Zwischen Wahn, Gedankenwedeln und

Wachen aus der Urzeit stehen bereit. Es ist das
Alte Halsband Angst, nicht Mensch, nicht

Tier zu sein. Es ist das Privileg des braungefassten
Blicks, das mich vor allen in die Demut schickt

Es ist die Frage, die mir keiner stellt und doch
Die Antwort fordert, mich erhält. Nun sag: Wie

Erträgst du deine Einsamkeit? Es
Ist die eine Wache, Hund, ist Lunge ganz, und

Wind, die ein bunt bedrucktes Lachen
Aus meinem Kinde bricht

Und wie das Gras so silbern wie der Fuchs
Zu bellen nun beginnt, stimmt: Es ist

Der Umstand, dass dies das Gemüt erhellt und
Freundlich sich die Welt zu uns verhält. Es

Ist soweit, wir buddeln in Gemeinsamkeit, kaum
Deutlicher als dies das Glück

Es ist das Zeichen, sich im Gras zu drehen, die
Wünsche auf dem Bauche liegend mit Achtung

Zu versehen. Es ist Unsinn, den Knoten prinzipiell
Und besonders einem jungen Hund… Geschickt

Erklären Hände nur; und die andere Wache
Trauer, halte ich

Später, August 2014: Selbstbespeichelung

Regenschwer biegt sich eine junge Scheinakazie
Über den Weg zurück. Am Rand, die Igelei, drei

Braunbrüstchen, der Herbstzeithaufen ist entdeckt
Manche Kinder sind dafür sie anzuzünden, mit

Anderen hat man da mehr Glück. Im Rundfunk
Dann: Wir müssen Waffen schicken; ich verstehe

Auch die Eltern nicht. Seit heute Morgen will man
Ferner den Flüchtling nehmen, in der Stadt, die nun

Glänzt wie Speck. Ich bin dafür; ob das genügt. Einer
Made gleich, d. h. augenlos und doch nicht blind

Wind ich mich, zu sehen. Es scheint, die Mutter hat sie
Schon – gerettet. Nein: gefressen. Ich nehme an, auch

Das kann sein. Halt mich im Bedauern auf, an der
Baumbestimmung fest und schäume. Echte Akazien

Riecht man selten in diesen Breiten

Fellpflege. Im Juli

Schräg fällt ein
Frühnachmittägliches
Licht in sein
Spektrales Vielfaches zerstrahlt
Warm ist es, rund
Fast körperlich
Zum Atmen legt man es sich
Um den Hals
Ein wohlgestimmter Schal. Überall
Betriebsamkeit. Als Insekt
Fliegt es sich heut besonders gut
Still dagegen steht das neue Tier bei mir
Friedlich, frisch
Gerubbelt
Gekratzt
Gebürstet
Geherzt
Gewuschelt
Gekrault
Gestriegelt
Geleckt
Beide nun
Geschniegelt
Schütteln wir uns
Und durch den sich
Setzenden goldenen Staub
Rieselt ein
Glück. Wir laufen die Sonne rauf
Bunt – und könnten uns gewöhnen

Murmuration

Tags darauf: Wir erwachten aus dem Schlaf
Intensivstation des Privaten, mit den ersten

Staren: Glanz, ganz, kurz vor der Dämmerung
Gemurmelt schon: Schwarmanweisungen, die

Aber Fragen waren; Fragen, die sich ineinand
Verschlangen: gelackte Luftspiralen am Neujahrsabend

Und nur die augenblicklich aufmerksame Suchfunktion
Eines Individuums, und Schwingenschlag – Kombination

Gab dem fallibelen Rausch von Flügeln, Fragen
Am Abendhimmel eine Richtung, für den Moment – bis

Auch diesem Star sich wieder Fragen auftaten: ob
Der Richtigkeit des Unterfangens; ob der Beschaffenheit

Des Elements; ob der exakten Phase des wachsenden Monds
Und er diese zurück in den Schwarm warf, Verwirrung

Stiftend, bis ein Kollege einen ähnlich stabilen Moment
Wir mit Minimaldistanz Unvertrauten bestaunten: diese

Kritikalität. Man verspottet unser Augenreiben mit zwei
Autonom schwingenden Membranen. Alles andere

Blieb, hypnopompisch, flügellose Schwärmerei

Özlem Özgül Dündar

etwas das n ankommt

u wenn ich beginne mich
selbst zu suchen zwischen
bildern zwischen den worten
zwischen den sätzen die
mein mund spricht wenn ich
suche nach zeichen von mir
selbst wenn ich mich selbst n
finde wenn ich mich selbst n
sehe in den bildern die ich
forme vor meinem auge die
hand macht etwas das n
ankommt bei mir das n ist
was ich bin das n macht was
ich will das n von mir
kommt wenn ich mich selbst
suche aus worten sätze bilde
die kommen aus mir aus
meinem mund die ich n finde
n sehe vor meinem auge

gedanken zerren

wenn die moleküle flimme
rn in den zellen die meine ge
danken machen sollen wenn
zwischen synapsen kurzschl
üsse funken flackern machen
wenn die gedanken im chaos
sich zerren durch meine
bahnen um vielleicht zu wor
ten zu werden wenn die
moleküle flimmern u geda
nken zerren machen wenn
ich mit zerrungen geplagt bin
u für mich worte n finde we
nn die moleküle flimmern
zwischen synapsen kurzsch
lüsse funken flackern mach
en u durch bahnen keine wo
rte durchdringen die ich spr
echen kann

die worte senken den blick

deine worte dringen von dir
zu mir u hemmen verkra
mpfen irritieren den blick die
worte strömen ein u senken
meinen blick der hinauf
schauen n kann der n ma
chen kann das gesicht die
haut errötet das herz schlägt
ich höre die schläge in
meinem kopf die kommen
von meinem pulsschlag u
es trifft deine worte dringen
ein u halten mich u machen
den puls in meinem kopf
schlagen der blick irritiert
ich suche nach dem übe
rgang zwischen grenzen der
krampf im blick der puls
schlägt als die worte senken
den blick

blicke schweifen

wenn sich die blätter drehen
wenn wir uns voneinander
wenden stehen zwischen
stühlen worte n mehr fallen
wollen zwischen uns aus
unseren mündern die blicke
schweifen die augen eina
nder n mehr suchen körper
sich n mehr erinnern an di
nge die einmal waren wenn
dinge n mehr passieren bil
der n mehr entstehen wenn
sich die blätter drehen erst
das eine u dann das andere
blatt u immer so weiter sich
bewegen in andere richtun
gen in unbekanntes in un
gewolltes unsere körper sich
wenden voneinander der eine
u dann der andere augen n
suchen einander blicke sch
weifen in richtungen in ent
fernte u worte n gesprochen
werden wollen

eine schiefe beobachtung

einen krampf um die kom
position machen zwei schrit
te vorwärts u zwei rückwärts
gehen eine schiefe beob
achtung hinstellen u um den
gedanken von glück u ung
lück kreisen bis die pe
rspektive die augen schief
hängen lässt den blick in die
zukunft richten versuchen
den krampf auszuschütteln
auch mit mehr oder weniger
gewalt eine schiefe beobach
tung u vielleicht eine zweite
in die komposition setzen
den blick im krampf schielen

stecken bleiben

transferiere dich in die schö
nheit hinein von diesem
körper der dich stecken
macht in dingen von denen
du n wissen willst in denen
du n sein kannst von denen
ein lebendes weg will u n
kennen müssen will trans
feriere dich in die schönheit
hinein von dem falschen in
dem ein lebendes n sein will
in dem man n bewegen sich
kann in dem träume stecken
bleiben zwischen den zellen
des gehirns aus denen sie
entsprungen sind aus denen
sie weg wollen in die welt
hinein

wenn die worte stolpern

worauf baust du wenn du d
ich an mich wendest diese
falte an deiner stirn sie ve
rrät dein denken über mich
wenn du dich an mich we
ndest worauf baust du wenn
du sprichst in sätzen mit
bedeutungen die ich n verst
ehe wenn die worte aus
deinem mund fallen aus dei
nem mund stolpern wenn
du in großen bögen zu mir
stolperst mit worten die ich n
verstehe

schürfe auf

u ich stoße auf dich u ich
schürfe an dir mit meinen
händen an dir die suchen
einen weg zu dir u schürfe
auf meine wangen meine
nase meine lippen u meine
augenlider mit blut u suche u
reibe mich an etwas so wie
man sagt von dir u mein
gesicht brennt u mein körper
u einmal brannte ich ganz für
dich mein blick auf dir
verschmiert u meine finger
meine hände schmerzen
wenn ich nach dir greife u
ich bin rot aufgeschürft auf
der suche nach dir u ich
stoße immer wieder auf dich
u reibe mich an etwas von
dir mit

wenn der verstand das gespräch verlässt

wenn dieser verstand das
gespräch verlässt u deine
worte springen mich an sie
wollen von mir sie wollen
druck auf den körper legen
auf das gesicht u die muskeln
treffen den krampf weil sie n
mehr halten können den
druck wenn dieser verstand
das gespräch verlässt u das
gesicht sich beugt unter
deinen worten u die worte du
rch den körper fließen der
sich verloren hat der ve
rstand verlässt das gespräch
u die worte fließen durch den
körper der sich unter deinen
worten beugt

**die worte die zu sprechen
vergessen wurden**

zwischen den synapsen spri
nge ich von einem bild von
uns zum nächsten zwischen
den bildern renne ich im
rhythmus von adrenalin u
suche die worte die zu
sprechen vergessen wurden
von einem bild von uns zum
nächsten renne ich u lege die
stücke zu ketten mit dingen
von dir u mir die vielleicht
zusammen gehören von ei
nem zum anderen renne ich
mit adrenalin zwischen den
synapsen hin u her versuche
zu sortieren bilder von dir u
mir die vielleicht zusammen
gehören suche nach worten
die vielleicht zu sprechen
vergessen wurden

bilder schweifen vor der retina

bilder schweifen vor der
retina hin u her in schwarz
weiß als es noch keine farben
gab in den bildern mit er
innerungen mit menschen die
noch posierten den moment
festzuhalten die bilder sch
weifen vor der retina als die
mutter der mutter spricht von
ihrer mutter wie sie brot in
süßen tee tupften wie sie auf
dem feld watte sammelten
bis die fingerspitzen bluteten
wenn die bilder schweifen
vor der retina der iris die
blickt auf etwas das n
sichtbar für dich u mich ist
das in einer zeit liegt die weit
weg ist als die mutter der
mutter noch klein war noch
ganz neu war noch neugierig
war noch lernte wie die
dinge funktionieren wenn sie
von ihrer mutter spricht wie
sie lebten im dorf wie sie die
dinge der welt nur vom
hörensagen kannten in
schwarz weiß schweifen die
bilder die retina die be
rühren erinnerungen mit men

schen die noch posierten den
moment festzuhalten

für die körper die toten

das tuch das schwarze für die
körper die toten die liegen
zusammen auf dem bett die
düfte der lebenden u toten
vermischen sich im wasser
das abfließt unsere körper
unsere gesichter wegfließen
die letzten tränen die wir
weinten als wir uns noch
kümmerten als unser puls
noch flackerte wenn es uns
berührte die dinge der
lebenden das tuch liegt über
unseren gesichtern das
schwarze für die körper der
toten   zusa
mmen begann der weg
zusammen gehen wir das
letzte stück bereit liegen die
löcher in die erde gegraben
für den letzten weg ge
meinsam dort liegen sie
bereit für uns zum ruhen für
die ewigkeit u das tuch liegt
über unseren gesichtern das
schwarze für die körper die
toten

Irmgard Fuchs
(teilweise) alles, I–VIII

I

immer von neuem reiben wir uns auf

treiben auseinander im wasserfarbenen blut

du und ich in richtungen, die gegen uns treten

uns die lampe nehmen, mit der wir unsere wirklichkeit

ausleuchten, wenige lumen reichen uns

für die gleißendsten möglichkeitsflutlichter, deren

schattenschläge die kontinente mit unseren rückkoppelungs-

gefühlen überschwemmen würden, wären da nicht

du und ich   wir gegeneinander, ertrinkende

nicht zu erreichen, deren gesichter immer auch die unseren

sein müssen, immer auch das unsere ist   treibgut der

                                                                zugehörigen

knochen, wellenbrecher   gegen die getaktete brandung

II

klamm liegt der schaum mir im mund

wenn ich morgens   die ersten   worte verschlucke

und später erst die lippen bewege, viel später

verweigerungen hinaustrage auf die müllhalden vor der stadt

auf denen sich die zurückgelassenen lebens-

momente, die niemanden über wasser halten

aneinander   gedrückt   und in sich

zusammen sinken, dunkelnde lichtwerke

der zu hitzig geliebten sonne, die flecken brennt

in die netze der augen   das gesicht

mit den narben der zeit

III

ganz anders hättest du mir das auch sagen können

sage ich, sag irgendetwas, sage ich

doch du sagst nichts dazu, bist auf reisen, bist nicht mehr

hier in deinem kopf, bist nicht mehr der kopf, zu dem ich sage,

dass du

etwas sagen sollst, dass dein mund etwas aus-

spucken soll, was mir gilt   etwas   das mir gilt, bitte ich, ich

bitte um alles und schalte dein fernsehen   stumm   und schlage

mit dem kopf gegen das bild, der kanal aber öffnet sich nicht

drinnen wie draußen bin ich nicht   darstellung einer

äußerlichkeit

habe keinen beweis   keinen stempel, der dich mir aufdrückt

und du sagst nichts   du schweigst   lässt mich links liegen

und rechts liege ich ebenfalls, in einer lache meiner eigenen

aussichten: das bin ich, sage ich   sag doch etwas, sagst du

sag etwas, damit ich dich   erkennen kann

(das aber geht nicht)

IV

alles ist kalt, drüben und in mir, da

zwischen den fingern wo   es taut, sobald

das gluckern im kopf und im bauch. die heizkörperorgane

unter der decke, in und neben mir   auf mir

mit den tagesthemen beginnen, den klee mit den vier blättern zu

gießen

heute kakteen und gespräche über den spatenstich, nur die erde

ist dicht   vergeblich, wir hatten doch auch schon andere

beweggründe   (weißt du noch)

verworfen haben wir all unsere satzzeichen

getarnt   in hülsen   gewickelt

einer glasblase gleich, beharrlich

kreisend über dem feuer

V

länger kann ich nicht   du kannst nicht länger, wir warten
länger nicht oder kürzer auch nicht länger   sagst du, ich lache
                                                          darüber
worte, die abperlen an uns, kleine scherze, die nicht weniger
wahrheiten   klebstoffe   sind alles tragfähigkeiten, sage ich
tragflächen   zu schwer, um auf ihnen zu fliegen, zu leicht
alles hinter sich fallen zu lassen, zu wenig tragbar für den der
                                                          allein
wieder wollen wir alles   an uns   reißen, mit uns
in den überhang
                    (der bricht, wenn du lachst)

VI

das meiste sind wir eingegangen, um es nicht zu berücksichtigen

keine gebühr zu erheben, keine proben zu nehmen   stücke

darauf zu halten, verfärbungen an den rändern zu löschen.

                     unsere ansprüche

wie bissigkeiten gegen die welt, die draußen, vor allen

eingängen   die türen zugeschlagen hat

blau unsere hände, vom festhalten

VII

wann können wir endlich   gegenseitig   die augen, die

zeiger der uhren   noch einmal zurückdrehen   ansuchen an

das licht sich später zu zeigen. vergessenes nachdunkeln

jenen trauen, die reste   von tag nacht   und allem

was nicht wurde, bleibt   ungeliebt   dränge ich nach

draußen   einem vorhang aus andeutungen zum trotz

gegen luft und rotstich   dem aufgang

einer schwellenden eintrittsstelle

gleich, durch die haut

VIII

die wahrheiten trinken sich schluckweise vom löffel, den ich

gegen den gaumen

gedrückt, bis der schmerz   der ränder   in die großhirnrinde

sitzt, bis wir

jahr und tag aus den vorstellungen schälen, die wir uns gemacht

niemals eingetragen   in die zeit. wider aller vorhaltungen

haben wir doch   alles   notwendige bekommen, forderungen

losungsworte gefunden, füreinander   dagegen

sind wir angerannt und still, exerzierend im gefederten schlaf

vielleicht   (irgendwann)   doch zu erwecken

Anja Kampmann

sein fliegen liegt nicht in der anatomie
zwischen federn und leichteren knochen
ahnst du einen punkt an dem die pappel
den himmel berührt was sind schwalben
einen sommertag lang auf dem hügel *beg tal*
der unruhige weizen wiesenblühn zwischen
den halmen dein sitz aus hörbarem wind
es ist tag ich behalte die nacht inne würde
nie mehr vergessen als jetzt wird es
einen tag geben an dem dieses rauschen
der bäume fehlte ach vogel der in seinem rad
rätsel geschrieben hat vom land genommen
unerkannt liegt es vor dir flächen noch ein paar
pflanzen und ich als grenze träume
dass ich die wiesen nicht mehr
unterscheiden kann.

grenzland

wir haben tauwetter für die helleren stunden
wir haben keine kälte gekannt nur die leitern
führten hoch und höher in den baum wo die früchte
in gruppen hingen das laub roch die dünneren zweige
nur so viel blieb von der aussicht dir müdigkeit
in den knochen auf der waage wurden die stunden
vermessen die sonne lag in all der rötlichen schale
wir sammelten in dem grenzgebiet nur die hohlen
eimer voll in denen die erinnerung hauste ein
rötlicher boden neben den bäumen wie gebrüll
als die sonne sich schließlich neigte.

Minsk

Ich habe nie so viel Schnee gesehen
nicht so viele Landstriche so dick überfroren
kalt und eisstill wie das Land das sich abkehrt von uns
in ein inneres Gespräch senkt sich
die Weite mit der Weite
einige rennen darauf sterben verrecken tausende
graben und ziehen Linien aus Draht in die
vereiste Luft in. Die Wälder sind tief
keiner geht darin
ohne Grund
nur stufenweise Geschichte aufgeblättert
die Propeller der Maschinen
unaufhörliche Wiederholungen der
Kälte
nicht Wille nicht Erdknochen nur
wie weit kann man laufen
wenn der Himmel sich einwärts biegt Eisregen fasst
die Statik des Himmels der Sterne
Schiffsladungen die Docker fremder Häfen
Kohle Knochen Hoffen auf etwas
was fern liegt
angerührt vom Innersten her
junge Buchen
hell oder neu oder Wind.

maribor

eine herzschwäche des lichts
ein übergriff ins gestern
ein fluss mit pflaumen an den ufern
birnen ein markt
und als tito kam die dörfer
und als tito kam die gesunden
männer und die gesunden frauen
und die kinder die ihre hunde an stricken
mit fortnahmen
und danach
und in den wäldern die geschosse
den wäldern den wäldern den hügeln
mit weichem grünlichem licht
und im herbst im sommer winter
und das frühe verlassene jahr
wie es den anderen folgte
folgte folgten einander fort
die angler die metzger
nüsse zu sammeln nüsse
von innen pocht es hohl
eine leere in den früchten und wer
hob sie auf wer aß
davon was blieb maribor
mit wirbeln aus glas aus glas
sind die hunde zurückgekommen zuerst
mit ihren losen langen stricken
die niemals gelassen wurden nur fester
gedrückt und gepresst in den
blinden händen den vergessenen händen
mit den wimpern
zum baden gehen zum tauchen

im dorfsee im dorfteich
in den vertiefungen der landschaft
in den spiegelungen eines neuen tags
die wimpern wimpern und der strick
des hunds am tag und unter
den erinnerungslosen wolken
im grünlichen grünlichen
wo einer kam wo alles im gehen
verblasst.

du hast von kaliningrad
den grießbrei behalten der blechtopf am morgen
im internat die hunde die wilden mit gebrochenen
schwänzen und schließlich ein schiff
das dir entgegen kam entfernt und weit später
im hafen die schatten der mützen brachen
den blick brachen hinter den kragen
die wochen auf zwischen krieg und marine
lagen meilen auf see und gänge so schmal
und kartoffeln so viele und nur
das geschrei von den möwen.

Versuch über das Meer

Es soll um den Horizont gehen den
Farbauftrag der Ferne das helle Knistern
der Flächen von Licht und die Verbreitung
des Lichts wie es sich aufbäumt das Meer
in seiner weiten Brust der Faulschlamm
der Fischmehlfabriken das Meer der romantischen
Feuer an den Kiesstränden Reisende
die sich für immer verlieren
in einer Aussicht das Meer in den Häfen, den Docks
den Containerarealen das Meer züngelnd
unter Kränen die nachtwärts
das Heimweh hieven das Meer der Muränen
lauernd hinter einem Stein
das Meer der Tiefe verborgen ein Suchbild
für die Träume vom. Meer
die im Meer verschwunden sind grundlos
die Gräben darüber ein Mosaik aus Flocken
strömendes zähes Feld aus Dreck das Meer
das so gut verborgen ist japsend nach Luft in
seiner weiten Brust nach sich selbst
schnappend.

globus

und keiner weiss wie tief der see ist
über den du schwimmst pyramiden
aus wissen und weit oben verschieben
die sterne leis ihre antworten aber
am ufer steht einer und wartet
mit einem einfachen tuch in dem das gras
noch haftet dieser tag
er hat im dunkeln die farbe von
eurer haut aber in diesen himmeln
werden raketen wieder von wärme gelenkt aber
das mit der kalten see geht niemand
was an. die grenzen fast lautlos
lecken ihre wunden im sand
aber im dunkeln steht jemand
und wartet bis du kommst.

ausmaß

der sorge in worten von denen
wir die bienen fernhalten auf dass sie
sie nicht tragen in die hintersten winkel
der *karten* die träume sind schon erreicht

gebiete in denen die angst sich nicht ausspricht
aber anwesend ist wir *richten* den blick auf blankes
land ränder *rauschschwarz* sind die tage als meldung

lassen die welt unlesbar zurück eine karte am anfang
steht kein wort der abermals traurige gaul lässt sich nicht
lenken nur sein silber im blick und wie er dich *verlässt*

es sind keine geschichten wenn ein land *verblasst*
wie du hierher eilst wen wir nicht mehr finden
nirgends und wo in diesem land wohnte

nicht bitternis *still jetzt.*

Leichthin
ist der Sommer
Ferne schreibt
die Buchstaben deines Gedächtnisses
mit leichter Hand
Während ein einzelnes Riesenrad
Gondel um Gondel
in die Luft steigen lässt

So ist auch die Nacht
nämlich das Aufsteigen
einer ungefähren Sprache

Kondenswasser

und so sind die Tage
nämlich ähnlicher dem Vergessen
dem Abwenden des Blicks wenn
der frühe Abend die Kleider durchdringt

die Übergänge ins Vorhin
dem du ähnlicher
wirst. Abtreiben auf diesem alten Dampfer in Richtung Atlantik,
                                                                    Cuba
So sind Tage
leichthin –
fallen die Gondeln
fallen wie jeder Schritt
Setzkästen mit getrockneten Faltern
                    eine Sammlung
die wie ein Schnalzen in der Dunkelheit verklingt.

moorchaussee

am ende beginnt die marsch
das land dehnt sich in flachen carrées
um die man hunde führt und müde beine
laufen alles ist alltäglich
im herbst spurten die rehe schneller
als der geist zu den aufleuchtenden lichtern
laternenumzüge martinsbrot
inzwischen sind feuer verboten
aber das rauschen hier ist wie
der himmel und zeigt oben weitere straßen
ums moor ziehen sie jetzt zäune
auf den schildern bleiben die entfernungen stets
exakt. und der himmel ist geflutet
mit heimwegen die im dunkeln
unsicher blinken.

steilküste

schon bald ist sonntag
in den klippen verfangen sich
die wölfe so klingt das meer das uns trifft
das rollen der steine von vorn ein paar stiefel
im fels wie sich die wogen waschen an der luft
im laufe bläht der wind das cape den raum
für dein kleines gedächtnis gelb
als *sie rannten* kinder die ihre zungen
in den regen strecken meer salz das heulen
des winds zu erlernen von vorn
mit der gischt kommt die liebe rau
in all ihren alten sprachen.

David Krause
bilder vom wind und vom fluss
Gedichte

wolken

es gibt keinen fluss
neben diesem haus und in dem haus
kein kinderbett überzogen mit wolken
wo der sohn die augen schließt
und die arme ausstreckt bis weit
über den rand. es gibt
keinen schuppen im garten
wo der vater mit dem messer
zärtlich die soldaten schnitzt
und wenn die wolken donnern
stellt er sein heer auf und träumt. es gibt
kein wohnzimmer wo die mutter
den schal strickt: groß genug
für alle zusammen; und es ticken
die nadeln die uhren die zähne während
die fäden zu mustern verwachsen:
wolken und wolken und wolken. es gibt
keine fenster und türen und wände.
das gras und den wind und wellen in pfützen
gibt es jetzt; es gibt
die fliehenden wolken.
es gibt mich
den schal um den hals
einen soldaten in der hand
nicht mehr
den fluss; nur sein bett; es gibt
mir einen ort; es gibt
mir einen ort.

erinnerungen an einen fluss

Für L.

farben

ich werde einen becher füllen
am fluss wo du und ich
vom fließen sprachen. ich werde
uns so malen wie wir waren
in den jahren danach:
ein raum leer bis auf uns
ein regenbedecktes fenster
dahinter die stadt.
wir werden schlamm sein: zwei
mit lichterfarben vermischte
körper. wir werden
uns mit den fingerkuppen berühren
ich eine rückenfigur
du mit blick aus dem bild.
das weiß in deinen augen wird
die letzte leerstelle sein
und das papier das uns hält
wird wellen schlagen

wellen

als alle seismographen schliefen
an diesem letzten tag
schriebst du in das wasser
und deine wellen berührten meine finger.

alles endet als
wellen; auch dein herzschlag
auf diesem bildschirm
neben diesem bett
ohne bezug
zu uns

hier warte ich
deine worte erinnernd:
»das meer spielt nur mit licht
bricht bilder doch spricht es nie
wenn es am ufer nach luft langt
knistert vielleicht die gischt.«

manchmal findet mich die witterung
in alten räumen zwischen dingen
die schwemmgut geworden sind.
manchmal sehe ich nichts
als wellen
ein zwinkern
einen puls

schilf

und irgendwann ist der wind
nur noch die umschreibung
des flusses.
und irgendwann ist der fluss
nur noch die umschreibung
deiner sprache
wenn du geschichten erzählst
vom wind
vom fluss.

wer sind du und ich
wenn alles in allem verschwindet?
wenn gedichte schilf sind
aus dem fluss gewachsen
in den wind hineingeschrieben?

zwei bilder vom morgen und der nacht

mittelwelle

das radio mit der antenne
trugen wir durch eine landschaft
als wünschelrute. wir fanden
einen mittelwellensender.
der spielte stundenlang john cage
eine urknallspur.
die antenne zitterte im wind.
beim tonwechsel setzte
die dämmerung ein
schlugen wir die augen auf
nach einem langen schlaf im gras
trafen sich unsere finger wie flüsse.

eine nacht. herbeigeschrieben.

auf der letzten seite des tagebuches
schreibe ich vom morgen an
mit schwarzer tinte
noch einmal unsere geschichte
schreibe und schreibe ich über
schreibe ich die worte
schicht für schicht.
es wird dunkel. das papier
zeigt nun das bild eines himmels.
der himmel unter dem wir saßen
in der ersten nacht einen stift
hinter unsere ohren geschoben.
wir ahnten nicht dass eine geschichte
an ihrem anfang enden kann
dass unsere zeichen verschwinden
für einen blick in die tiefe
für einen moment ohne ende

erloschenes

dornenwolken

als du kind warst waren die rosenbüsche
gewitterwolken die in den garten zogen.
ihre dornen schlugen ein in deine haut.
ihre rosen flochtest du dir
wie sonnen in dein haar.

nichts war hörbar als der bach
der hinter den büschen floss
du warst still wie deine haut
die sich wieder um dich schloss.

days of wine and roses

es war sommer. das radio spielte
bill evans' *days of wine and roses.*
beim beckenschlag des drummers sprangst
du in den pool und schwammst
im schimmern des junis.

als du schliefst im gras
lag eine strähne über deinem gesicht
wie ein riss. aus dem radio strömte
rauschen in die hitzige luft

carmel-by-the-sea[*]

in den städten sprachen wir in worten.
an der küste sprachen wir in winden;
fernab hisste ein katamaran
sein rot in das pazifikblau.

wir wussten nicht warum der wind blieb
in unserem haar als wir schon lange schwiegen
und müde in der weite warteten
auf den zug zurück in die stadt.

---

[*] Carmel-by-the-sea: Kleinstadt an der Pazifikküste der USA.

nachttrunken

der mond schwamm als zitronenscheibe
im cuba libre der nacht.
vom atmen wurden wir betrunken.
in den discos simulierten
trockeneis und stroboskope
sommer; stetig sich ändernde wolken.
als müssten wir alles auf einmal fühlen.

requiem für **schnee**

»Vielleicht beziehen die Dinge um uns ihre Unbeweglichkeit nur aus
unserer Gewissheit, dass sie es sind und keine anderen, aus der Starr-
heit des Denkens, mit der wir ihnen begegnen. Wenn ich jedenfalls
in dieser Weise erwachte und mein Geist geschäftig und erfolglos zu
ermitteln versuchte, wo ich war, kreiste in der Finsternis alles um mich
her, die Dinge, die Länder, die Jahre.«
(Marcel Proust: In Swanns Welt. Aus: Auf der Suche
nach der verlorenen Zeit)

[geschichte]

der film über vater und mutter
zeigt beide nur einen moment. dann
schwenkt die kamera fort
zur weißen wand.
hinter der wand ein kind. sein lachen
wie von einem mit schneefall
überspielten tonband.
davor das geklapper
der gabeln und messer
gekaue gerede
geschichte
wie sich schicht für schicht
auf die rolle spult.
das licht der schall: alles
geht ein in den film.
nur nicht ich der die kamera
durch die räume trägt.

[*yesterdays*] *

Für Rolf Dieter Brinkmann

noch immer gibt es baugerüste
auf die der schnee fällt immer noch
einen architekten voller liebe
zum detail vor seinen plänen
freitagabends in new york
anfang des 21. jahrhunderts
im büro so voller schwindel
von dem schnee vorm fenster schnee
der am ground zero niedergeht schnee
von dem die menschen sagen
er sei anders nach dem falling man
eine ins leere gehende geste
er ist im lächeln einer frau
die in madrid am bahnhof wartet
schnee in ihrem schwarzen haar
kurz denkt ein mann an sterne
bis sie im zug verschwindet und mit ihrem gang
lennie tristano zu spielen beginnt
auf mp3 komprimiert
»jazz und schnee: das passt ja«
tristano spielt die flocken forte
gegen ein londoner schaufenster dann
ein leuchtendes legato ins
moll ins dunkel einer

---

*   yesterdays: Ein Lied des Cool-Jazz-Pianisten Lennie Tristano.

wohnung in der innenstadt aus
offnem fenster schaut der schläfer
ein letztes mal
schnee fällt
an der wall street fällt
an den botschaften schnee überschreitet
ohne pass die grenzen der länder und
ohne uhr die grenzen der stunden
er senkt sich im central park
auf einen veteranen
der solange die spritze hält
bis der schnee sie löst
auch die schüsse und das feuer
»wie still es im schnee ist« denkt er noch
»und wie weit doch diese nacht!
ein offener band gedichte«
liegt auf der straße nach und nach
zerfließen alle verse

und davor steht der zitternde träumer
barfuß und schaltet
die schwer gewordene kamera aus
er geht heim und all der schnee
bedeutet nichts mehr
nicht die dinge auf die er fällt
oder die menschen in ihm
und es gibt keinen film mehr
keine strömung kein band
das im inneren fließt
es gibt keinen träumer mehr
im gedicht
wenn sich die türe schließt.

Rike Scheffler
angenommen aber

angenommen aber, man bastelt am großen abmalen,
am auslassen der farben am see. unruhig stellen sich fragen,
leinwände fallen auf gegenstände, am ufer stemmen sie sich
in den sand. man meint zu erwägen, schatten hätten mehr gewicht.
und wäre das nichts: man ist eine frau, man weiß, von vordächern
kann es genauso kalt schütten wie aus freien himmeln, salz,
flüssig gerieben, und nachtisch sind im gepäck:
eine decke, eine angel, ein ganzer arm sachen,
die einen hoffnungslos glücklich machen.

offensichtlich sich wehren dagegen, anstand haben,
abstand: man geht angeln. armselig dörrt am ufer der fang.
feuer verglimmt. abends nachgeben, schwimmen.
stilles wasser schlucken, alleine nicht lang,
ein gekrümmtes bündel im schlafsack, beim see.

über nacht sich im schweigen üben, bemüht, die silben
nicht zu beschmutzen, spucke zu nutzen für ärgeren unfug:
fisch und hänfling einander vorstellen. träge biegt sich das schilf.
unter obhut stromern am sonntag touristen, handtücher,
alles nach maß. man kennt das, hat selbst schon briefe geschrieben
mit kaltem bleistift, für die, die man liebt, und man wünschte,
die silberne linie würde nicht stimmen, binnen sekunden
anders fallen, an der brust angefangen, nicht richtung kopf zielen,
die spitze der mine, schwer schätzbar, wie tief.

dinge geschehen, wie wahr, wenn man sie lässt. planung
oder fügung, man steht am wannsee und winkt der geschichte.
entschärft seine sprache, reibt sich an ihr auf.
man haftet an wurzeln, hadert beim abmalen,
geht abermals angeln, festhalten am anstand, ritual.
es rudert sich leichter zurück, stimmt einem der abwind,
man gibt sich diesem abwind, ohne ihm zu vertrauen.

angenommen, man lässt es sich gutgehen, ganze tage
am stück, dürftig getrennt durch die sich wendende sonne.
angenommen, es gibt genug ansichten, sie sind schon da,
was zählt, ist nur die mischung, farbe auf holz aufzutragen,
lack mit bedacht. dabei sich eins pfeifen. ein boot bauen,
auf den see fahren, an regentagen, darunter schlafen.

sich anschmiegen, an einen körper.
von dort kommt alles her. verstehen kann man jetzt,
ohne angst den kiefer liegen lassen, offen auf einer brust,
die auffällig dünn ist, die aber trägt. wie ein steg.
von hinten schleicht es sich an, das fallen, einander gefallen,
den mund weiter auf, um verlauten zu können: zufall,
oder: stimmt, ich hab es so gewollt, dass die zähne,
die schief stehen, sich nicht mehr berühren, die muskeln
nicht drücken, man hat beide arme ausgebreitet,
man schämt sich nicht, so einfach zu sein.

ebenerdig, in den wäldern, wähnt man jemanden,
erkennt jede biegung, verdreht erinnerung wie ellenbogen,
hell glänzend, bis auf die gelenke eben, wo die elle endet,
die speiche beginnt. baumstämme, eng aneinandergelehnt,
leere endlich, bekömmliche schwere. angenommen,
es ist nicht zu erkennen, wer hier wessen decke trägt.
an einer stelle blenden die bilder: von wegen unschuld,
aus mehreren kehlen hast du gezetert, aus mehreren kehlen
kam die erregung, sägte den verstand.

wirklich, es ergibt keinen sinn, allmählich erst
mit dem streben zu beginnen. welke blätter zu zählen,
abzustreichen, den blick geneigt, verschwend keine zeit.
schneller, als du denkst, wird man dir fehlen.
zerfasert dein beben, erdrückt dich, zerrinnt.
man schert aus, schert fährten ins moos,
spielt mit messerchens schneide,
schätzt sein gewicht, das eigene geschlecht,
das ist gefährlich, so fern vom see.

angenommen, man sticht sich ein wenig zwischen die finger,
in die haut, die einem schwimmen hilft, es blutet, man
erwischt sich beim ekel, schämen, der fremdartigen bewegung,
als erste sich auf die erde zu legen, wie mal gemeinsam.
man bettet sich ein. und während man an wörter denkt,
wie chromosomen, den missratenen wuchs und liebesfrüchte,
schält man etwas rinde von einem baum ab und isst sie.

steife blitze, kinkerlitzchen, beim gewitter kriegt mans wimmern,
angenommen, die füße glitschen, gehen verwinkelt, das wasser
ist stumpf. fiebrig fasst man die nadeln ums zelt an, testet
die heringe: noch immer verrostet, noch immer im boden
und grimmig gewillt, bis zum schluss dort zu bleiben. rückblick
in blitzen, nirgends mehr himmel. kichrig hisst donner sein läuten,
ritzt schlitze in wolken, schickt zornig seinen gruß.
man erwischt sich beim ducken. hockt im schlafsack,
vor der nase das kissen, dann wieder himmel,
knackt zahn um zahn den reißverschluss. die kleidung
klebt einem am busen, oder heißt das: der brust,
man will seine ruh, faradayschen käfig,
eine burg zum regen, tageslicht.

die erste stunde ein bisschen noch zittern, sich zureden,
schwimmen im dickicht der algen. die spitzen trinken,
blinzeln, dieses ganze nass in sich dringend finden,
die fische milchig. wie ist das mit der mimikry?
viel fehlt nicht, man beginnt sich zu zwingen, auch
im innern zu klingen, wie die irre gewordenen tiere
am mittag, sich zu winden als aal, kryptisch, elliptisch,
umgeben vom sirren, marienkäfern und mücken,
und man ist stimmig mit sich, mit sich sehr innig, denkt,
während man trocknet: nie war die neigung des erdballs
so herrlich, niemals die zinkweißen nächte so weiß.

stolperloch, moos wächst, ein doppelter boden. oberhalb
der baumzone bekommt man nasse füße. bleibt vorsichtig,
pocht auf sein holz. horcht, ob störfinken drin sind, feige, sich fest
hobeln an außenkanten und krone. ob die hobel noch grob fallen,
scheite in seiten auseinander, die poren, ob sie dabei schreien.
schön bist du, ein beständiges pochen. vorschnell denkt man,
diese ordnung von früher zu kennen, woher bloß, woher?

meint, kleist war nicht heiter, ein vogel im totholz holt einen ein.
bohrt seinen schnabel, zieht eine linie, zwei kreise in schleifen,
sie scheinen porös. diese rinde erholt sich, so hofft man,
von wiederholung. angenommen, hier ist man gewesen,
hat getagt. möglich, jemand war schwimmen an diesem ort:
wer war es, wer zog sich das wasser über die ohren?

rückwärts drückt sich ruhe ins ufer. man schürt
ein kleines feuer an. zuerst sprühholz, in der mulde
schlummern flammen, man zückt seine quarzuhr
aus freien stücken, zurrt mulmig am armband,
und dumm wie man ist, lauscht man, den kopf
schief, dem tuckern, sucht zwischen ziffern
nach bruchstellen, muschlig wie glas.

der blick schaut aufs wasser, strauchelt zum boot,
man grübelt, ob es zeit wird, die flammen zu verbuddeln,
die zunderbüchse gleich mit zu verfluchen, aus purer vorsicht
die scheite zu stutzen, eine schicht abzuziehen, man bückt sich
runter zum kreis, den steinen und klumpen, tritt den zunder kaputt.

angenommen, man spürt seinen puls, verwunderung,
und will wissen, was dieses tuckern sich dabei denkt,
in welchen schüben im dunkeln, unter welchem
umstand es wuchert. die rufe tragen ihre farben,
warten auf einen neuen gebrauch.

Walter Fabian Schmid
dialogikkonzentrate

brüllende grobheit im lauttumult

propres panoptikum u marmor

steifer cortex hirnverbrannt klopft

a perpetuummobiler monogedanke

gegen die staatsmarhonêtte stirn

SO EIN VERBISSNER AUSDRUCK

DER MANIE (money?) *ach scharfsinn*

bohrung schafft auch nur hohlraum mind

eclipse mit fiebriger erleuchtung :

die spots visieren den himmel nicht mehr

als korrumpierte kosmopolis (o griechen)

pulkiges gevölk u krieselnde hysterie

visionen faden im grand parleur

quasi jedes wort ein opfer der parole

(die creative commons opinion setzt an

ästhesien der sinne) **ALTER SCHWEDE**

SIE LANGWEILEN SICH *ja zu tode*

platetüden haben schon lange ein

fluss (influenza) u bullshit hat m

any münder = medien

intranervöse BLABLA-injection

bleibt mir vom leib mit euren hoch

gestochnen finten das ist aus

gemachter wahnsinn (knips.)

entsetzungsstupor unendlicher gegenwart

die zukunft der krise beginnt tôt

beten die zornassimilanten terroristische

gelöbnisse gegen attrapierte münder

we want 1 will einstimmigkeit erstickt

meinungen o ersöhnt die stolze sklaverei PAIX !

LE FIN IST MEHR SO EINE ART BUMMELEI

ruinismusflanerie mit tabula rasa gospels

das sittliche moment des stillstands ein not

fall des zeitgeists

schleier und gewehre die faust aufs auge

münder lähmten le pro=grave

gewittert als prophezeiung fremder

sprachen **blood ist worth**

money der argent bestimmt

das credo krieg

ist vergleichsweise ehrenwert

u krisen erschüttern den glauben kein sterben

swörtchen aus der apokryptik nur spott

staatsablass u absolusionierte fonds

im letztglauben an die sakramentsaktie

ehrlichkeit leiert der randomisierte schwur

algorhythmus (glossolallie des googleorakels)

im nacheinander des unendlichen

rebellieren die bio

ethisch erzogenen gens (sterile edukte

des einbetonierten eden) gegen den dax

grafischen opferstock in cross

medialer travestieshow

idyllenkompost u organischer zerfall total

synthese des ewigen lebens (seelen

dynamische transzendenzaggregate) in

stabile fäule der fleischigen zell

crowd die funding exegeneser

kollaboriern mit physischer pro

fitschöpfung *ja was jetzt: laboriern*

o kollaps? ausgehaucht den eiligen geist

(in hyperpneumatischer wortventilation)

bis zur windig verstaubten postexistense

ausgegorene satansbraten o geburtstagsretorten

der angefixt pipettierte nachschub

nur eine leichte trübung

der idee (aristotetels) inhumanität ist das

seinsartefakt **man is no truth** u die feme

femme kriegt die persona non gratis

(nur thanatos verzeiht fleischliche gelüste)

in der perfektpervertierten zuchtpolitik

funzt la survie durch programmierten zelltod

(geklontes suizidgefühl)

krudes leben u zynisches gemüt in halbwert

zeit der exkommunizierten radikale (bunsen

brennendes fegefeuer) verstrahlen weg

weisende alphatiere (mutanten pro

grammatischer fehler) so pêle

mêle die multikausal verkorkste

quotenquote (plangesellschaftliches gen

tuning mit chromosomengedopten code

metamorphosen) u die schuld *o eva*

maria liegt im mutterschoss

lookism u laokoonisten 1

amourire fou avec toi mêmmen

pose im realityfake vorm spieglein

(vergöttertes werk des demiurgen

chirurgen) *alter wie wärs denn mit nem ego*

shooter not enimyliert die antiken dysfunktionen

DU PASST NICHT IN DIE PERFEKTIONSGRÖSSE

fürs nachhaltige evolutionsdesign

nur modellierpastetische oberflächen

in die fresse gegipst (à la buster?)

creation cosmetics® fürs photo

shopping der perfectibilité extra

cheese mit worldmiss

trauen in die public privacy

(broad casting deiner pein

lichsten glücksmomente)

die zulässige störung der gott

frequenz *i mistook the code for*

feeling beschallt die lost labs

während dem great civil röntgen

gecrashter overload pompöser kom

perplexität die maskierten schatten

taten von transparenten akt

euren **wahrheiten glaubt niemand**

schmoren im kurzschluss des netzwerks

die academic bagage cachiert

die nonsense monotonie u die synchrone

zukunft (brechung paralleler zeitstrahlen)

fordert das neue dogma der facilitetten

Sibylla Vričić Hausmann

klein sein I

eine riesen-wiese voller löwenzahn, den ich zur krone uns
zusammenlege, herrscher zeichen: mit der schwierigen methode
füllt es milchig meine hand. im eimer liegen aufgeschlitzte stiele,
sind uns untertan und unser trick, dass wir zum kringeln zwingen,
sie eine feste wasserlocke kriegen – denn wir wollen sie behalten,
zählen zähne, stunden bis zum mittagessen und vergessen
rübezahl, den berggeist, hinter unsern rücken, in die ebene getrieben
zu plänen gegen uns. lass es nur eine husche sein, nur ein gewitter,
das vorüberzieht ... wie jetzt die watte samen schirmchen schar
von unsern mündern fliegt.

klein sein II

wir waren bunzlaublau glasiert, es ging uns bis zum hals,
wir hatten: wurzeln im dreck oder lehm, mit händen waren
wir geformt, durchs feuer gegangen, hatten geerbte
freude am buddeln, dem brennen der steifen bürsten-haare,
waren extra tief ins seifenstück gedrückt. wir spürten es, wenn
teller schon mit abendbrot, den gurken und kohlrabistücken waren,
tee in tassen schwamm, im schwämmeldekor aufgesperrten
pfauenaugen, wenn die sonne sank. es gab geschichten
ausm osten, ausreißpläne, die der schlaf durchkreuzte.

weg wollen I

wie bestellt. das hupen bei den karussels.
vielleicht hört man es auch in häfen so –
wenn ich nur wüsste, wie ein schiffshorn klingt.
wenn ich nur wüsste, wo die großen sind – und kevin,
irgendeiner der mich kennt und mir den roten zuckerapfel
kauft. könnt jetzt mit rummelmenschen ziehn, beim
autoscooter plastikchips kassiern, vorm startsignal,
hätt keine angst und fühl sie schon in meiner hand
mit silber eingeprägter schrift. an meinen fingern
abdruck, schweiß, puls. und etwas will verloren gehn
und wandern, ja: von einem dorf zum andern.

weg wollen II

das war die weite, was hinter den sonnenblumen
anfing, die im späten sommer auf den boden schauten,
samenschwer, und wir: saßen auf den zäunen, grauem holz
ein letztes mal in unsern kurzen hosen. abend. und der blick,
das war das weite, dass man über abgemähte felder endlos
gucken konnte wie auf eine seite buch. die augen dabei
ab und zu mal zugedrückt. nur um das weglaufen zu proben.
viel feld war, wo wir wohnten.

höhen und tiefen I

ich will, dass mich mein papa runterholt
das mädchen sagte, zog die kniee an – wie kam es nur
auf nachbars schuppendach, auf hohe äste, auf den jägerstuhl.
war das ein mangel etwa an bedenken oder war es grad die angst
vorm fuchsbau, seiner sandigkeit mit schaum vorm mund und
vor den fallen, nicht für es gedacht. der hang zum überblick, da
keiner mehr hinunterging, zum unterholz, wo ranken oder kiefern-
samen wurzeln schlagen, eine welt mit kopf und fuß behaupten,
einem jungen, der den retter nicht mehr finden kann.

höhen und tiefen II

schön das schweben unter wasser, bloß dass man
nicht mehr aufwärts kann, wenn man noch klein ist
und die flügel, luftgefüllt, vergessen hat, schnell ist
der schritt getan, ins nasse bodenlose über schwimmbad-
fliesen, ohne halt für finger bleibt die beckenwand und wir
sind *alle zu Rettende:* mein kleines pony, kevin und mama
weint – die ellenbogen auf dem tisch, nur aufgewühltes
wasser, rufe vieler, dumpfes toben, lieder, lichtschau
undsoweiter, rund herum ein glück nur – dass die fremde
frau uns findet. und zieht uns raus und schaut uns böse an:
wir dummes, dummes kind.

autos I

bei wolfsburg ist
so plattes land über das sich mal, schon lange her
die gletscher schoben, spiegelnde flächen, wie meer,
wie lange geradeaus zu gucken, bis der boden sich
zurückzieht – einen buckel macht und kneift.
und strommasten das größte bekannte objekt,
ich träume, sie werfen die saiten ab, wenn ich darunter
stehe – summen sie elektrisch wie die netzstationen
in den dörfern, e-gitarren. ich bin dort, wo steine weinen
am rand der felder nicht mehr weiter wissen
vor bauern, kühen, golfs und blut an meinem zeh
und in der ferne die stadt mit vier schloten.

autos II

die schönheit der autos, das glänzende blech.
im sommer geruch nach plastik und staubigen polstern,
im winter das warten, bis der motor warmläuft, glieder
auftaut, fällt der kopf dann seitlich und bewegt sich
mit den außenwänden, sehe ich den frost auf feldern,
gegenden sich übersichtlich heben, senken, glaziale serien
und endlosschleifen – nichts tröstet so wie mich die
fortbewegung schaukelt, möchte nicht: erwachen oder
wachsen oder warum kann ich nicht im wagen bleiben.

haus I

da steht ein haus am rand eines dorfes,
hat ein angeschrägtes flachdach und einen
baufälligen holzbalkon, besser nicht zu betreten,
innen ein erster stock, der halb ist wie auf einer
technischen zeichnung, zu anschauungszwecken halbiert:
halbes haus, halb erträumt, die frühe vertreibung von dort,
wo ich etwas von mir im garten hinterließ, vielleicht einen
durch eine milchzahnlücke gespuckten kirschkern – oder
vielleicht war es doch ein zahn, ein arm, eine herzkammer
vielleicht war es mehr: das häufige heulen, diese ewige angst,
das in-die-hose-machen, lust auf süßes, halbe kaugummis,
bespeichelt von mir keimen in der erde, meine klage wächst,
mein hals juckt, mein knie juckt, meine wange juckt,
nicht kratzen, du sollst nicht kratzen mein erstes gebot,
haus am waldweg, der weg zum wald mit kamillenblumen
an seinen rändern, wir kumpels liebten ihn wir kochten tee,
ich fühle eine sehnsucht, die an dem vorbeigeht,
was das haus jemals war, ich fühle die gekappte
verbindung, die klage, die taubheit, die wut ist.

haus II

im keller lagern alte marmeladen, aufbewahrte farben
aus vergessenen sommern. hinter regalen verstecken sich
noch die schatten von kindern, die es so nicht mehr gibt.
was zu lange hier ist, wird lichtempfindlich, zum beispiel
die jugend der eltern – ihr scheitern an unbekannten dingen,
geheimen beschlüssen im keller: kein lichtstrahl, nur die beeren,
pfirsiche und matten birnen glühen noch, verdampfen,
rollen weg, waggons. auf unsichtbaren gleisen.

Levin Westermann
Tschechow:
eine Reise in zehn Teilen

1

die röntgenbilder liessen keinen zweifel zu.

2

die röntgenbilder

und auch die orchidee, die wächst
auf deiner haut —

3

und die zeit beginnt von vorn. all dies ist geschehen
und wird wieder geschehen, eine endlose schleife
im raum, und du bist ein teil, ein teilchen eines
teils, ein teilchen eines teilchen eines teils usw.
und draussen stehen bäume, draussen ist es hell.
Tschechow kommt herein. er legt eine pistole
auf den tisch und schweigt. du schaust hinaus.
Tschechow schaut hinaus. ihr schaut gemeinsam
schweigend hinaus, und draussen stehen bäume,
draussen ist es hell.

4

und die zeit macht einen sprung. die felder
sind jetzt leer. nackte braune erde auf dem grund.
urzustand, die exerzitien der krähen. und die blicke
schweifen ab, denn da ist nichts, was sie hält
(die welt ist kahl) und das auge braucht zum heil
den horizont. die katze an sich ist ein raubtier,
sagt Tschechow, sie jagt mit den ohren. du hörst
nicht hin, du wünschst dich weg. du möchtest
ganz woanders sein, allein an einem ort, der dir
entspricht. die lähmung beginnt in den beinen, zieht
in den kopf. schatten von schatten. grammatik
von staub.

5

und die zeit ist eine sonne im zenit. du hustest
und du schwitzt. auf dem rücken läuft der schweiss.
die luft ist heiss, die landschaft brennt.
eine landschaft, die verbrennt! flammen schlagen
hoch, das feuer frisst sich schneisen durch den wald.
die hügel sind verkohlt (das gras ist tot) und es
knistert und es kokelt und es stinkt. [Auftritt
KASSANDRA] *blut! blut!! ich kenne den geruch, tiere
sind das nicht.* [Abgang KASSANDRA] was geschieht,
muss geschehen, sagt Tschechow. er nimmt
die zigarette aus dem mund, spuckt auf den
verbrannten grund und wischt sich mit der hand
übers gesicht. dann greift er deinen arm im letzten
licht und zieht dich fort. *per noctem in nihilo vehi:
to vanish by night into nothing.*

6

und die zeit ist eine box aus schwarzem holz.
keine wellen, keine wolken. auch kein wind. überall
ist wasser, der ozean ist still, unbegreiflich gross
(und gänzlich still). das schiff sitzt fest.
niemand ist im krähennest, niemand steht am ruder,
niemand knotet knoten auf dem deck. die segel hängen
schlaff, die luft ist schwer. dunkle breiten
hat das meer, sagt Tschechow, da häuten sich
die fische, legen ihre schuppen ab und zeigen dann
bei vollmond ihr gesicht. du starrst ihn an.
was soll der quatsch? was wir brauchen, das sind
möwen, sagst du, möwen, eine küste, endlich land!
Tschechow zuckt die schultern. Tschechow zieht
die leichen aus und wirft die nackten körper
über bord. schau, dort: dort schwimmt Phlebas,
vier, fünf tage tot. einmal wird man sagen:
er vergass so allerhand und sank.

7

und die zeit ist ein zug, der entgleist. du atmest
ein und aus. es ist noch früh. vor dir
liegt das tal, ausgebreitet wie ein tuch.
sanfte hügel, wälder und felder, die häuser
einer stadt an einem fluss. das funkgerät knackt.
Tschechow setzt die brille auf und schaut
auf seine uhr. der countdown läuft. drei, zwei, eins
— detonation. der blitz, der schall,
der feuerball: ein strassenzug verdampft. fenster
explodieren, gebäude stürzen ein, autos wirbeln auf
wie altes laub. kein baum bleibt stehen, überall
ist feuer, alles ist zerbrochen oder brennt.
[Auftritt KASSANDRA] *siehst du sie, die kleinen,*
wie sie kauern an der tür, traumgestalten,
gemordete kinder, halten mit eigenen fingern
das eigene fleisch! [Abgang KASSANDRA] Tschechow
schluckt, und am himmel wächst ein pilz in richtung
gott. wogende wolken aus asche und schutt —
bravo! bravo!! applaus von den rängen. hüte fliegen,
korken knallen. ein ensemble spielt musik.
Tschechow tritt vor die presse. er hebt sein glas.
leben, als gäbe es eine zukunft und eine hoffnung,
sagt er. händeschütteln, schulterklopfen. hier und da
ein autogramm, und zum abschluss noch ein schnapp-
schuss mit dem tod.

8

und die zeit ist ein quadrat auf grauem grund.
dämmerung, der wind zieht an. Tschechow geht voran
und sucht nach einer route durch den schnee.
wie immer: schlechte sicht. seit jahren
schwere wolken, keine sonne, nie ein licht:
die asche des vulkans umhüllt die welt. und Tschechow
legt die eisen aus, Tschechow hängt die schlingen
ins gebüsch. fallen für den fall, dass doch noch
etwas lebt, atmet und sich regt, in all dem weiss.
eine landschaft wie ein grab, an dem
man schweigt —
nebel in Theben. ruinen ragen aus dem schnee,
reste alter mauern einer alten, alten stadt.
leerzustehen ist eine handlung, sagt Tschechow. nicht
leere steht leer — leere hallt. *halt!* vor euch
sitzt ein greis, fast nackt auf einem stein.
ich höre keine vögel, klagt er. *die riten*
gehn daneben, die feuer gehn nicht an, das versagen
des zeichens ist ein zeichen an sich!
dann klatscht er in die hände, dann heult er
wie ein hund. dir brummt der kopf. genug davon.
du entsicherst das gewehr. alter mann, was weisst du
schon, was weisst du überhaupt? wo ist dein gott?
was wiegt dein schmerz? verrate mir, Teiresias:
wie lang ist im winter eine nacht?

9

und die zeit ist eine zukunft ohne dich. das kind
ist wach. unten sehn die eltern fern, oben liegt
das kind und ist noch wach. es fürchtet sich
im dunkeln. fürchtet sich im dunkeln vor
der dunkelheit an sich, den spinnen an der decke
und den stimmen in der wand, den monstern unterm bett
(und auch im schrank) und überhaupt: das kind
hat angst, es treibt auf der matratze (ohne ruder)
durch die nacht. und Tschechow hat die fratze an,
Tschechow trägt die krallen und das fell. er riecht
nach aas. leiden heisst erkenntnis produzieren,
sagt er und gleitet wie ein schatten (dicht
am boden) unters bett. er kratzt und knurrt, faucht
und schnurrt, atmet, flüstert, zischt —
feierabend. ein grosses gewässer, z. b. ein see.
Tschechow sitzt am ufer und trinkt bier.
I've been thinking about sea salt, sagt er.
fruchtsaft läuft dir übers kinn, du wirfstein stück
melone ins gebüsch. was hast du gesagt?
meersalz. salz aus dem meer. er macht eine bewegung
mit der hand. salz? ja. hmm. du schweigst
und starrst ihn an. dann öffnet er die flügel,
legt sie wieder an. die arbeit an der wirklichkeit
mit dunkelheit und bier.

10

und die zeit ist ein konzept. substantiv, neutrum.
kon|zept. concipere (conceptum): erkennen, aufnehmen,
auffassen, eine idee bekommen. adjektiv: konzeptuell;
konkretum: das konzept. aus der wahrnehmung
abstrahierte vorstellung, z. b. das konzept
der schönheit, z. b. das konzept der zeit. die messung
der vergänglichkeit mit wasseruhren, sonnenuhren.
zeit in elemente übersetzt: tröpfchen und schatten.
die tröpfchen und die schattenund die geltung
jener schatten (leicht wie licht) —
es ist schon spät. du nimmst dir die pistole und
feuerst durch das fenster in die nacht. die nacht
erwacht. hunde bellen, babies schreien, lampen
gehen an im ganzen haus. du schaust hinaus. der mond
ist voll, und Tschechow ist zufrieden, Tschechow
schliesst die augen und schläft ein.

Autorinnen und Autoren

Konstantin Ames
Geboren 1979 in Völklingen, lebt nach einem Studium der Kommunikations- und Medienwissenschaft (M.A.) und am Literaturinstitut in Leipzig als Schriftsteller mit seiner Familie in Berlin-Kreuzberg. Neben Veröffentlichungen von Poesie, Prosa, Übersetzungen in Schreibheft, Neue Rundschau, randnummer, Edit, Idiome hat Urs Engeler 2010 und 2012 Poesie als Roughbooks verlegt. Das nächste Buch erscheint im Herbst 2015 beim Wiesbadener Verlag Luxbooks. Ames wurde für sein Schaffen mehrfach ausgezeichnet, zuletzt mit einem Künstlerstipendium im Centro Tedesco di Studi Veneziani; er ist Mitherausgeber des eMagazins *Karawa*.

Carolin Callies
Geboren 1980 in Mannheim, lebt in Ladenburg bei Heidelberg. Ausbildung zur Verlagsbuchhändlerin beim Suhrkamp Verlag, Studium der Germanistik und Medienwissenchaft in Mannheim. Anschließend Programmassistenz im Literaturhaus Frankfurt am Main; zur Zeit Lesungsorganisation beim Verlag Schöffling & Co. Veröffentlichungen in Zeitschriften (Bella triste, Allmende, POET, Neue Rundschau) und Anthologien (»Jahrbuch der Lyrik« 2011, 2013, 2015, »Trakl und wir: Fünfzig Blicke in einen Opal«, »Lyrik-Taschenkalender 2015«). Teilnahme beim 17. open mike 2009 und dem Literarischen März 2015. Mit »fünf sinne & nur ein besteckkasten« Veröffentlichung ihres ersten Gedichtbandes im Frühjahr 2015 bei Schöffling & Co. www.carolin.callies.de

Mara-Daria Cojocaru
Geboren 1980 in Hamburg, studierte in München an der Ludwig-Maximilians-Universität Politikwissenschaft, Theaterwissenschaft und Recht als Nebenfach und wurde 2011 mit einer Arbeit in der politischen Philosophie promoviert. Derzeit wissenschaftliche Mitarbeiterin und Dozentin für praktische Philosophie an der Hoch-

schule für Philosophie München. Auslandsaufenthalte in England, Südafrika und den USA. 2007 Teilnahme an der Autorenwerkstatt des Lyrik-Kabinetts in München unter der Leitung von Christian Döring. 2008 erschien ihr erster Lyrikband »Näherungsweise« in der Lyrikedition 2000. Regelmäßige Beiträge zum Jahrbuch der Lyrik seit 2009. 2015 Teilnahme am Lyrikseminar »alles dicht« der Bayerischen Akademie des Schreibens, sowie Finalistin beim Literarischen März in Darmstadt. Der nächste Band ist für Herbst 2016 bei Schöffling & Co. geplant.

Özlem Özgül Dündar
1983 in Solingen geboren, studiert am Deutschen Literaturinstitut in Leipzig, wo sie auch als Übersetzerin arbeitet. Zuvor studierte sie Literatur und Philosophie in Wuppertal. Teilnehmerin der Darmstädter Textwerkstatt 2011 und 2012, aktuell in der Darmstädter Textwerkstatt II bei Martina Weber. Auslandsaufenthalte in Irland, Paris und in der Türkei. Schreibt Lyrik, Prosa und Theaterstücke. Ihre Werke wurden in verschiedenen Zeitschriften und Anthologien publiziert, u. a. in Die Signatur deiner Augen. Junge Lyrik aus Deutschland und der Türkei (Luxbooks, Wiesbaden 2015). Nominierung für den Düsseldorfer Förderpreis 2010. Erhielt 2011 das Merck Stipendium (Darmstadt) und war 2014 Stipendiatin des Goethe-Instituts Istanbul. Einladung zur ersten Leserunde des Münchner Lyrikpreises 2014. Finalistin beim 22. open mike 2014. Wolfgang-Weyrauch-Förderpreis beim Literarischen März 2015. Retzhofer Dramapreis 2015.

Irmgard Fuchs
Geboren 1984 in Salzburg, lebt in Wien. Studium der Sprachkunst an der Universität für angewandte Kunst Wien sowie Theater-, Film- und Medienwissenschaft an der Universität Wien und an der Freien Universität Berlin. Etliche Auszeichnungen, u. a. Wiener Autorenstipendium 2013. Im Herbst 2015 erscheint ihr Prosadebüt »Wir zerschneiden die Schwerkraft« in der neuen Literaturreihe des Verlags Kremayr & Scheriau.

Anja Kampmann
Geboren 1983 in Hamburg, lebt in Leipzig. Abschluss am Deutschen Literaturinstitut. War Stipendiatin u.a. des »International Writing

Programm« der Universität Iowa, des Edith Stein Hauses Breslau. Teilnehmerin des Literaturfestivals Karachi 2011 und des Poesiefestivals Minsk 2013. Ihre Texte wurden in mehrere Sprachen übersetzt. Sie promoviert über Musikalität und Stille im Spätwerk Samuel Becketts, arbeitet frei u. a. für den Deutschlandfunk. Preisträgerin des MDR Literaturpreises 2013, Anerkennungspreis der Literaturbiennale Wuppertal 2014, zweiter Preis Feldkircher Lyrikpreis 2014. Sie schreibt Lyrik und Prosa. Mitbegründerin der Veranstaltungsreihe »Tektonik« für Lyrik und Neue Musik des Vereins forma Leipzig. Wolfgang-Weyrauch-Förderpreis beim Literarischen März 2015. Ihr Debütband erscheint 2016 im Carl Hanser Verlag.

David Krause
Geboren 1988 in Köln. Lehramtsstudium der Fächer Deutsch, Englisch und Latein (Abschluss: Dezember 2014). Schriftstellerische Tätigkeit in den Bereichen Lyrik und Prosa seit Ende 2008. Preisträger beim Lyrikwettbewerb 2011 bei literaturpodium.de. 2013/2014 Teilnahme an der Darmstädter Textwerkstatt unter der Leitung von Kurt Drawert, 2013 als Merck-Stipendiat. Lesungen in Darmstadt und Istanbul. Leonce-und-Lena-Preis 2015. Website: www.david-krause.net

Rike Scheffler
Geboren 1985 in Berlin, studierte Psychologie und Allgemeine und Vergleichende Literaturwissenschaft an der FU Berlin, sowie Literarisches Schreiben am Deutschen Literaturinstitut in Leipzig. Sie veröffentlicht in Zeitschriften und Anthologien. Ihr Gedichtband »der rest ist resonanz« erschien 2014 im kookbooks Verlag. Ebenfalls 2014 war sie Stipendiatin der Stiftung Brandenburger Tor. Scheffler ist Mitgründerin des Berliner Lyrikkollektivs G13. Die Gruppe verfolgt keine gemeinsame Poetologie außer der, sich gegen Vereinzelung und Konkurrenz im Literaturbetrieb auszusprechen. Scheffler baut mit ihren Texten gerne szenische Lied-, Text- und Klangskulpturen, und kooperiert dabei mit Künstler/innen verschiedener Genres wie dem Theater, Jazz, Pop, der Oper, der Installations- und Performancekunst, zuletzt wiederholt mit Olafur Eliassons Institut für Raumexperimente in Addis Abeba und Berlin.

Walter Fabian Schmid
Geboren 1983, studierte Diplom-Germanistik, war Redaktor im »poetenladen«, freier Mitarbeiter am Lyrik Kabinett München und Organisator der Lesereihe »meine drei lyrischen ichs«. Schreibt derzeit noch Kritiken für das »Signaturen Magazin« und »lyrikkritik.de«. Calwer-Hermann-Hesse-Preis 2010 als Mitredakteur der Literaturzeitschrift »poet«. Finalist beim Literarischen März 2011 und 2015 sowie beim Lyrikpreis München 2011 und 2014. Teilnehmer am 22. open mike 2014. Werkbeiträge der Kantone Bern und Solothurn sowie der Städte Biel/Bienne und Solothurn. Einzelne Gedichte erschienen in Zeitschriften und Anthologien (u. a. Jahrbuch der Lyrik).

Sibylla Vričić Hausmann
Geboren 1979 in Wolfsburg, lebt in Leipzig. Studium der Literatur, Sprache und Philosophie in Münster und Berlin, aktuell Literarisches Schreiben am Deutschen Literaturinstitut Leipzig. Lebte von 2009 bis Ende 2012 in Mostar (Bosnien und Herzegowina) und arbeitete dort als Stipendiatin der Robert Bosch Stiftung am »Mostarski teatar mladih«. 2009-2013 literarischer Blog »Liebe Ella« zusammen mit Eva Brunner. Veröffentlichung von Gedichten, wissenschaftlichen Aufsätzen und Essays in Zeitschriften und Anthologien/Sammelbänden, u. a. zum Essensmotiv in der Lyrik um 2000, zur Literaturszene Mostars und zu Gertrud Kolmar. Zweiter Platz beim Feldkircher Lyrikpreis 2013, Finalistin beim Literarischen März 2015.

Levin Westermann
Geboren 1980, lebt in Biel. Studium an der Hochschule der Künste Bern. Sein zweiter Gedichtband »3511 Zwetajewa« erscheint im Herbst 2015 bei luxbooks.

Lektorat

Fritz Deppert

Geboren am 24. Dezember 1932 in Darmstadt. Evangelisch, verheiratet mit Gabriella, geb. Döhner. Zwei Söhne. Gymnasium Darmstadt. Universität Frankfurt am Main (Germanistik/Philosophie). Promotion über die Dramen Ernst Barlachs. Ehrenpräsident der »Kogge«, Mitglied des P. E. N., Merckehrung 1996.

Bibliographie: Hörspiele; Übersetzungen von Kinderbüchern; Atemholen. Gedichte, 1974; Heutige Gedichte, wozu?, 1974; Holzholen. Prosa, 1970; Herausgabe von Anthologien; Gegenbeweise. Gedichte, 1980; Wir, Ihr, Sie. Gedichte, 1981; Mitautor an Darmstadts Geschichte, 1980; Atempause. Gedichte, 1981; In Darmstadt bin ich. Gedichte und Prosa, 1982; Zeit-Gedichte, 1983; Linien. Gedichte, 1987; Mit Haut und Haar. Gedichte, 1987; Bewegte Landschaft. Haikus, 1988; Dreh dich doch um. Gedichte, 1990; Gegengewichte. Gedichte, 1992; Länger noch als tausend Jahr. Roman, 1993; Kurzschriften, Aphorismen, 1993; Rosen schenk ich Dir, Haikus, 1994; Zeitkonzert, Gedichte, Freipresse, Bludenz 1995 – als CD Prim Verlag 1996; Gezählte Tage, Gedichte, Andernach 1998; Aforyzmy, Warschau 1998; Herausgabe der Erzählungen Wolfgang Weyrauchs »Das war überall«, Darmstadt 1998; Zerstörung und Kapitulation, Darmstadt 1944 und 1945, Darmstädter Dokumente Nr. 17, 2002; Gesang aus dem Papierkorb, Prosa, Darmstadt 2002; Fundsachen, Gedichte, Darmstadt 2002; Regenbögen zum Hausgebrauch, Gedichte, Bielefeld 2003; Feuersturm und Widerstand (zusammen mit Peter Engels), Darmstadt 2004; Buttmei, Kriminalroman, Nidderau 2007; Gut gebrüllt Löwe, Essays, Darmstadt 2007; Hans Schiebelhuth, Vortrag, Darmstadt 2008; Buttmei findet keine Ruhe, Kriminalroman, Nidderau 2009; Christian Bärlichs zweite Geburt, Essen 2009; Ein Bankier steigt aus. Roman, Brandes & Apsel: Frankfurt am Main 2012; Das Schweigen der Blätter. Gedichte, Münster 2013; Georg Büchner geht durch Darmstadt. Satiren und Essays, 2013.

Christian Döring
Geboren 1954 in Berlin. Leitet den Verlag AB – Die Andere Bibliothek unter dem Dach des Aufbau Hauses in Berlin, wo er DIE ANDERE BIBLIOTHEK herausgibt.

Nach Studium und journalistischer Tätigkeit zehn Jahre Lektor für deutschsprachige Gegenwartsliteratur beim Suhrkamp Verlag; 1997 bis 2006 Programmleiter Literatur beim DuMont Literatur und Kunst Verlag in Köln. Neben seiner Tätigkeit für DIE ANDERE BIBLIOTHEK arbeitet er als Lektor und Publizist in Berlin, Paris und Venedig, wo er (gelegentlich) seine Ateliers für Lyrik und Prosa veranstaltet.

Herausgeberschaften zur Gegenwartsliteratur; mit Marcel Beyer Herausgabe der »Gesammelten Gedichte« von Thomas Kling; zuletzt erschien »Gott lebt wieder. Gespräche zum Glauben im 21. Jahrhundert«.

Hanne F. Juritz
Geboren 1942 in Straßburg, lebt als Schriftstellerin in Dreieich/ Hessen. 1972 Leonce-und-Lena-Preis für Lyrik, Darmstadt; 1978 Georg-Mackensen-Preis für die beste deutsche Kurzgeschichte; 1979 Preis der Schüler zum deutschen Kurzgeschichtenpreis. 1981–1983 Stadtschreiberin von Offenbach/Main. 1993 Kulturpreis des Kreises Offenbach/Main.

Bibliographie: Nach der ersten Halbzeit. Gedichte, 1973; Tandem 1, Hrsg., 1974; Nr. 2. Gedichte, 1975; Flötentöne. Gedichte, 1975; Landbeschreibung. Gedichte, 1975; Gedistel. Texte, 1975; Tandem 2, Hrsg., 1976; Spuren von Arsen zwischen den Bissen. Gedichte, 1976; Dichterburg Dichterkeller, Dichterberg Dichterhain. Prosa, 1976; Vorzugsweise: wachend. Gedichte, 1976; Schlüssellöcher. Gedichte, 1977; Ein Wolkenmaul fiel vom Himmel. Gedichte, 1978; Tandem 3, Hrsg., 1978; ...einen Weg zu finden. Gedichte, 1980; Hommage à Marcel Marceau. Gedichte, 1980; Die Unbezähmbarkeit der Piranhas. Gesammelte Erzählungen, 1982; Der weiche Kragen Finsternis. Gedichte, 1983; Gelegentlich ist Joe mit Kochsalz unterwegs. Gedichte, 1985; Die Nacht des Trommlers. Gedichte, 1986; Verwehung im Park. Gedichte, 1988; Sieben Wunder! Gedichte, 1991; Blicke eines Freundes. Gedichte, 1993; Carolines Feuer, Erzählung, 1994. E. A. (épreuve d'artiste), Gedichte, 1995; Zeit Sprung, Gedichte, 1996; Kein Programm ohne Schusswechsel, Gedichte, 1999; Von den Ismen, Traktat 2001; Sperren, Kurzprosa, 2002; Chapeau Claque, Gedichte, 2004; Knabenschuh, Gedichte, 2008; Händel und Rote Grütze, Erzählung 2009; Deckmäntelchen, Mützen und andere Verstecke. Gedichte, 2015. Kurzgeschichten, Gedichte und Essays in ost- und westeuropäischen und amerikanischen Literaturzeitschriften. Zahlreiche Beiträge in Anthologien; viele Texte wurden in mehrere Sprachen übersetzt, u. a. ins Englische, Französische und Polnische. Arbeiten für Film und Funk.

Moderatorin und Jury

Moderatorin

Insa Wilke
Literaturkritikerin, Moderatorin und Publizistin. Ihre Monographie
»Ist das ein Leben. Der Dichter Thomas Brasch« erschien 2010 im
Verlag Matthes & Seitz. Zuletzt erschien von ihr »Bericht am Feuer:
Gespräche, E-Mails und Telefonate zum Werk von Christoph Rams-
mayr.« Von 2010 bis 2012 war sie Programmleiterin im Literaturhaus
Köln. Seit 2013 gehört sie zum Autoren- und Moderatorenteam der
Literatursendung »Gutenbergs Welt« (WDR 3). 2014 wurde sie mit
dem Alfred-Kerr-Preis für Literaturkritik ausgezeichnet.

Jury

Sibylle Cramer
Jahrgang 1941, Literatur-Kritikerin, Essayistin, in Berlin lebend.

Kurt Drawert
Geboren 1956 in Hennigsdorf/Brandenburg, lebt seit 1996 in Darm-
stadt, wo er seit 1998 die Darmstädter Textwerkstatt und seit 2004
das Zentrum für junge Literatur leitet. Zahlreiche Veröffentlichungen
von Prosa, Lyrik, Dramatik und Essays sowie mehrere Herausgaben,
Übersetzungen und Kritiken. Zuletzt: »Rückseiten der Herrlichkeit.
Texte und Kontexte«. Suhrkamp Verlag, Frankfurt am Main 2001.
»Frühjahrskollektion. Gedichte«. Suhrkamp Verlag, Frankfurt am
Main 2002. »Emma. Ein Weg«. Flaubert-Essay, Wien 2005. »Ich hielt
meinen Schatten für einen anderen und grüßte«. Roman. Verlag C. H.
Beck, München 2008. »Idylle, rückwärts. Gedichte aus drei Jahrzehn-
ten«, Verlag C. H. Beck, München 2011. »Schreiben. Vom Leben der
Texte«, Verlag C. H. Beck, München 2012. »Spiegelland. Roman, Pro-
sa, Material«, »Das Gegenteil von gar nichts. Theaterstück, Deutsch/
Türkisch« und »Prag ist eine Erfindung von Kafka. Kritiken und

Essays zur Literatur 1990–2014«, alle Luxbooks Verlag, Wiesbaden 2015, sowie »Was gewesen sein wird. Essays 2004–2014«, C. H. Beck, München 2015.

Zahlreiche Auszeichnungen, u. a. Leonce-und-Lena-Preis, Literaturpreis der Jürgen-Ponto-Stiftung, Lyrikpreis Meran, Ingeborg-Bachmann-Preis, Uwe-Johnson-Preis, Nikolaus-Lenau-Preis, Rainer-Malkowski-Preis, Werner-Bergengruen-Preis und Robert-Gernhardt-Preis. Stipendium der Kulturakademie Tarabya, Istanbul/Türkei 2014/2015.

Norbert Hummelt
Geboren 1962 in Neuss am Rhein. 1983–1990 Studium der Germanistik und Anglistik in Köln. Seit 1991 freier Schriftsteller. Gastdozent am Deutschen Literaturinstitut Leipzig. Autor zahlreicher Essays und Radio-Features. Lebt seit 2006 in Berlin.

Gedichtbände: knackige codes. Berlin: Druckhaus Galrev 1993; singtrieb (mit CD). Basel/Weil am Rhein: Urs Engeler Editor 1997; Zeichen im Schnee. München: Luchterhand Literaturverlag 2001; Stille Quellen. München: Luchterhand Literaturverlag 2004; Totentanz. München: Luchterhand Literaturverlag 2007; Berlin Fresco. Selected Poems (übers. v. Catherine Hales). Exeter: Shearsman 2010; Pans Stunde. München: Luchterhand Literaturverlag 2011; Geen veerman, geen Styx. Gedichte ndl.-dt. Übers. von Jan Baeke und Erik de Smedt. Azul Press/Poetry International: Maastricht/Amsterdam/Rotterdam 2014.

Essay: Im stillen Haus. Wo Hermann Lenz in München schrieb. München: Allitera 2009; Wie Gedichte entstehen (mit K. Siblewski). München: Luchterhand Literaturverlag 2009.

Übersetzungen (Auswahl): Inger Christensen: Das Schmetterlingstal. Ein Requiem. In: Schreibheft 52 (1998); T. S. Eliot: Four Quartets. In: Schreibheft 66 (2006); T. S. Eliot: The Waste Land/Das öde Land. Frankfurt am Main: Suhrkamp Verlag 2008.

Als Herausgeber (Auswahl): W. B. Yeats: Die Gedichte (auch Übers.). München: Luchterhand Literaturverlag 2005; Jahrbuch der Lyrik 2006 (mit C. Buchwald). Frankfurt am Main: S. Fischer 2005; Konrad Weiß: Eines Morgens Schnee. Ausgewählte Gedichte. Lyrikedition 2000–2005; Thomas Kling: Schädelmagie. Ausgewählte Gedichte. Ditzingen: Reclam 2008; Durs Grünbein: Limbische Akte. Ausgewählte Gedichte. Ditzingen: Reclam 2011.

Auszeichnungen (Auswahl): NRW-Förderpreis Literatur 1995; Rolf-Dieter-Brinkmann-Preis der Stadt Köln 1996; Mondseer Lyrikpreis 1998; Hermann-Lenz-Stipendium 2000; New York-Stipendium des Deutschen Literaturfonds 2001; Fellowship der Raketenstation Hombroich 2005; Niederrheinischer Literaturpreis der Stadt Krefeld 2007.

Jan Koneffke
Geboren 1960 in Darmstadt. Wuchs in Neu-Isenburg und Braunschweig auf. Ab 1981 Studium an der FU Berlin, Magisterabschluss 1987. 1995 mit einem Villa-Massimo-Stipendium nach Rom, wo er sieben weitere Jahre verbrachte und u. a. als Kulturkorrespondent für Zeitungen und Rundfunk arbeitete. Seit Mai 2003 lebt er als freier Schriftsteller, Publizist und Mitherausgeber der Zeitschrift »Wespennest« in Wien und Bukarest. Lyrik, Romane, Kinderbücher, Rundfunkfeatures und Essays. Übersetzt aus dem Italienischen und Rumänischen. Mit zahlreichen Preisen und Stipendien ausgezeichnet, u. a. Leonce-und-Lena-Preis, Peter-Suhrkamp-Stipendium, Friedrich-Hölderlin-Förderpreis, Rom-Preis der Villa Massimo, Bamberger Poetik-Professur, Offenbacher Literaturpreis, Usedomer Literaturpreis. Letzte Veröffentlichungen: Paul Schatz im Uhrenkasten, Roman, DuMont: Köln 2000; Was rauchte ich Schwaden zum Mond, Gedichte, DuMont: Köln 2001; Eine Liebe am Tiber, Roman, DuMont: Köln 2004; Abschiedsnovelle, DuMont: Köln 2006; Die Sache mit Zwille, Jugendroman, Hanser: München 2008; Eine nie vergessene Geschichte, Roman, DuMont: Köln 2008; Trippeltrappeltreppe, Kindergedichte, Boje 2009; Die sieben Leben des Felix Kannmacher, Roman, DuMont: Köln 2011; Ein Sonntagskind. Roman, Galiani 2015 (in Vorbereitung).

Marion Poschmann
1969 in Essen geboren, studierte Germanistik, Philosophie und Slawistik, lebt in Berlin. Zahlreiche Auszeichnungen, zuletzt den Peter-Huchel-Preis, den Ernst-Meister-Preis und den Wilhelm-Raabe-Literaturpreis. 2015 übernimmt sie die Thomas-Kling-Poetikdozentur.
Veröffentlichungen: Baden bei Gewitter, Roman. Frankfurter Verlagsanstalt 2002; Verschlossene Kammern, Gedichte. Zu Klampen Verlag 2002; Grund zu Schafen, Gedichte. Frankfurter Verlagsanstalt

2004; Schwarzweißroman. Frankfurter Verlagsanstalt 2005; Hundenovelle. Frankfurter Verlagsanstalt 2008; Geistersehen, Gedichte. Suhrkamp Verlag 2010; Die Sonnenposition, Roman. Suhrkamp Verlag 2013.

Lyriker im Dialog

Heinrich Detering

Geboren am 1. November 1959 in Neumünster. Literaturwissenschaftler, Essayist und Lyriker. Seit 2011 Präsident der Deutschen
Akademie für Sprache und Dichtung. Seit 2005 hat er den Lehrstuhl
für Neuere deutsche Literatur und Vergleichende Literaturwissenschaft an der Georg-August-Universität Göttingen inne. Seine
vielseitige Arbeit als Literaturwissenschaftler umfasst Bücher u. a.
über Friedrich Nietzsche, Bertolt Brecht, Bob Dylan, Hans Christian
Andersen und Thomas Mann, sowie über die Beziehungen zwischen
Literatur und Religion und Theorien der Autorschaft. 2009 verlieh
ihm die Deutsche Forschungsgemeinschaft den Leibniz-Preis, den
wichtigsten deutschen Wissenschaftspreis. Für seine Gedichte, literarischen Übersetzungen (aus den skandinavischen Sprachen) und Essays zur Poesie wurde er unter anderem mit dem »Preis der Kritik«,
dem H. C. Andersen-Preis und Poetikdozenturen in Birmingham,
Mainz, Kiel und St. Louis ausgezeichnet.

Er studierte Deutsche Philologie, Skandinavistik, Theologie und
Philosophie in Göttingen, Heidelberg und Odense (Dänemark). Von
1988 bis 1994 Hochschulassistent am Lehrstuhl von Albrecht Schöne,
1993 habilitierte er sich mit der Studie »Das offene Geheimnis. Zur
literarischen Produktivität eines Tabus von Winckelmann bis zu
Thomas Mann«. 1995 wurde er, nach zwei Semestern an der Universität München, auf den Lehrstuhl für Neuere Deutsche Literatur
und Neuere Nordische Literaturen der Universität Kiel berufen. 2005
kehrte er nach Göttingen zurück. Detering ist Mitglied in mehreren
Akademien und hat Gastprofessuren in Skandinavien, China und
den USA wahrgenommen.

Der Deutschen Akademie für Sprache und Dichtung gehört er seit
1997 an, von 2008 bis 2011 war er Vizepräsident.

Ausgewählte Buchveröffentlichungen: Theodizee und Erzähl-
verfahren (1990); Das offene Geheimnis. Zur literarischen Produktivität eines Tabus von Winckelmann bis zu Thomas Mann (1994);

Hans Christian Andersen, Schräge Märchen (Übersetzungen, 1996); Herkunftsorte. Literarische Verwandlungen (2001); Autorschaft – Positionen und Revisionen (2002); Thomas Mann: Sämtliche Werke (Mitherausgeber, seit 2002);»Juden, Frauen und Literaten«. Zu einer Denkfigur beim jungen Thomas Mann (2005); Bob Dylan (2007 u. ö.); Reclams großes Buch der deutschen Gedichte (2007); Bertolt Brecht und Laotse (2008); Der Antichrist und der Gekreuzigte. Friedrich Nietzsches letzte Texte (2010); Kindheitsspuren. Theodor Storm und das Ende der Romantik (2011); Thomas Manns amerikanische Religion. Theologie, Politik und Literatur im kalifornischen Exil (2012); Henrik Wergeland. Sujets (Nachdichtungen, 1995); Schwebstoffe. Gedichte (2004); Wrist. Gedichte (2009); Old Glory. Gedichte (2012); Wundertiere. Gedichte (2015).

Auszeichnungen: 1990 Preis der Akademie der Wissenschaften zu Göttingen; 1993 Wiepersdorf-Stipendium; 2001 Fellow am Wissenschaftskolleg zu Berlin; 2003 Preis der Kritik; 2004/2005 Mainzer Poetik-Dozentur; 2006 Wissenschaftspreis der Stadt Kiel; 2008 Ehrendoktorwürde der dänischen Universität Aarhus, Ehrengast der Villa Massimo; 2009 Gottfried-Wilhelm-Leibniz-Preis der Deutschen Forschungsgemeinschaft; 2011 Werner-Heisenberg-Medaille; 2012 Hans-Christian-Andersen-Preis; 2012/2013 Liliencron-Poetikdozentur Kiel; 2013 Dannebrog-Orden; 2014 Aston Writer in Residence; 2014/2015 Fellow der Carl Friedrich von Siemens Stiftung, München.

Monika Rinck
Geboren 1969 in Zweibrücken, lebt in Berlin. 1998 erschien NEUES VON DER PHASENFRONT, ein Theoriecomic. b_books, Berlin; 2001 veröffentlichte sie »Begriffsstudio 1996–2001« in der edition sutstein (www.begriffsstudio.de); 2004 erschien der Lyrikband »Verzückte Distanzen« im zu Klampen! Verlag; 2006 folgte der Essayband »Ah, das Love-Ding!« bei kookbooks; 2007 der Lyrikband »zum fernbleiben der umarmung« bei kookbooks; 2008 das Hörbuch: »Pass auf, Pony« in der edition sutstein; 2009 der Lyrikband »HELLE VERWIRRUNG / Rincks Ding- und Tierleben« bei kookbooks, Berlin; »ELF KLEINE DRESSUREN«, mit Max Marek, edition sutstein. 2011: PARA-RIDING. Zu Laura (Riding) Jackson, mit Christian Filips. Roughbook, Berlin/Solothurn; 2011: »HELM AUS PHLOX«, mit Ann Cotten, Daniel Falb, Hendrik Jackson und Steffen Popp. Merve Verlag, Berlin.

Ebenfalls 2011: ICH BIN DER WIND. Geschwinde Lieder für Kinder
von Wilhelm Taubert mit Zwischentexten von Monika Rinck. Mit
Audio CD. Kookbooks, Berlin; 2012: HONIGPROTOKOLLE. Sieben
Skizzen zu Gedichten, welche sehr gut sind. Mit vier Kompostionen
von Bo Wiget und einem Poster von Andreas Töpfer. kookbook
Berlin; 2013: HASENHASS. Eine Fibel in 47 Bildern. Peter Engstler
Verlag: Ostheim/Rhön; 2014: CANDY: I AM THE ZOO. Peter Engstler Verlag: Ostheim/Rhön; 2015: Essayband RISIKO UND IDIOTIE,
kookbooks Berlin. Auszeichnungen: zuletzt: Peter-Huchel-Preis 2013
für den Gedichtband HONIGPROTOKOLLE. Gemeinsam mit Or-
solya Kalász übersetzt sie aus dem Ungarischen. Sie kooperiert mit
Musikern und Komponisten.

Leonce-und-Lena-Preis
1968–2015

PreisträgerInnen

1968
Wolf Wondratschek

1969
Katrine von Hutten

1972
Hanne F. Juritz

1973
Harry Oberländer

1975
Rita Breit

1977
Friederike Roth
Anno F. Leven

PreisträgerInnen

1979
Leonce-und-Lena-Preis:
Ludwig Fels, Rolf Haufs,
Ralf Malkowski
Arbeitsstipendium:
Anna Jonas

1981
Leonce-und-Lena-Preis:
Ulla Hahn
Arbeitsstipendien:
Renate Fueß,
Tina Stotz-Stroheker

1983
Arbeitsstipendien:
Wolf-Dieter Eigner,
Klaus Hensel, Barbara Maria Kloos,
Rainer René Müller

Ehrengäste und Laudatoren

Ehrengast:
Karl Krolow
Laudatorin:
Hilde Domin

Ehrengast:
Ernst Jandl
Laudator:
Peter Horst Neumann

Ehrengast:
Peter Horst Neumann
Laudator:
Rolf Michaelis

1985
Leonce-und-Lena-Preis:
Hans-Ulrich Treichel
Arbeitsstipendien:
Hansjörg Schertenleib,
Sabine Techel

Ehrengast:
Günter Kunert
Laudator:
Karl Krolow

1987
Leonce-und-Lena-Preis:
Jan Koneffke
Arbeitsstipendien:
William Totok, Michael Wildenhain
Sonderpreis politisches Gedicht:
Richard Wagner

Ehrengast:
Peter Rühmkorf
Laudator:
Michael Naura

1989
Leonce-und-Lena-Preis:
Kurt Drawert
Arbeitsstipendien:
Lioba Happel, Durs Grünbein,
Rainer Schedlinski

Ehrengäste:
Elisabeth Borchers,
Marcel Reich-Ranicki
Laudator:
Gert Ueding

1991
Leonce-und-Lena-Preis:
Kerstin Hensel
Förderpreise:
Dirk von Petersdorff,
Barbara Köhler

Ehrengast:
Peter Härtling
Laudatorin:
Elsbeth Pulver

1993
Leonce-und-Lena-Preis:
Kathrin Schmidt
Förderpreise:
Dieter M. Gräf,
Ludwig Steinherr

Ehrengast:
Volker Braun
Laudator:
Thomas Rothschild

1995
Leonce-und-Lena-Preis:
Raoul Schrott
Förderpreise:
Ulrike Draeser, Thomas Gruber,
Christian Lehnert

Ehrengast:
Friederike Mayröcker
Laudator:
Klaus Kastberger

1997
Leonce-und-Lena-Preis:
Dieter M. Gräf
Wolfgang-Weyrauch-Förderpreise:
Franzobel, Andreas Altmann

Ehrengast:
Michael Krüger
Laudator:
Herbert Heckmann

1999
Leonce-und-Lena-Preis:
Raphael Urweider
Wolfgang-Weyrauch-Förderpreise:
Henning Ahrens, Nicolai Kobus,
Anja Nioduschewski

Ehrengast:
Christoph Meckel
Laudator:
Wolfgang Held

2001
Leonce-und-Lena-Preis:
Silke Scheuermann
Sabine Scho
Wolfgang-Weyrauch-Förderpreise:
Mirko Bonné, Maik Lippert,
Hendrik Rost

Ehrengast:
Thomas Kling
Laudator:
Hubert Winkels

2003
Leonce-und-Lena-Preis:
Anja Utler
Wolfgang-Weyrauch-Förderpreise:
Marion Poschmann
Nico Bleutge

Ehrengast:
Oskar Pastior
Laudator:
Thomas Kling

2005
Leonce-und-Lena-Preis:
Ron Winkler
Wolfgang-Weyrauch-Förderpreise:
Karin Fellner, Hendrik Jackson

Ehrengast:
Joachim Sartorius
Laudator:
Péter Nádas

2007
Leonce-und-Lena-Preis:
Christian Schloyer
Wolfgang-Weyrauch-Förderpreise:
Nora Bossong
Andrea Heuser

Diskussionsrunde:
Michael Braun, Meike
Feßmann, Ina Hartwig,
Cornelia Jentzsch,
Richard Kämmerlings,
Burkhard Müller

2009
Leonce-und-Lena-Preis:
Ulrike Almut Sandig
Wolfgang-Weyrauch-Förderpreise:
Juliane Liebert
Judith Zander

Diskussionsrunde:
Steffen Popp
Monika Rinck
Jan Wagner

2011
Leonce-und-Lena-Preis:
Steffen Popp
Wolfgang-Weyrauch-Förderpreise:
Andre Rudolph
Jan Volker Röhnert

Diskussionsrunde:
Nico Bleutge
Andrea Heuser
Judith Zander

2013
Leonce-und-Lena-Preis:
Katharina Schultens
Wolfgang-Weyrauch-Förderpreise:
Uljana Wolf
Tobias Roth

Lyriker im Dialog:
Aleš Šteger
Jan Wagner

2015
Leonce-und-Lena-Preis:
David Krause
Wolfgang-Weyrauch-Förderpreise:
Özlem Özgül Dündar
Anja Kampmann

Lyriker im Dialog:
Heinrich Detering
Monika Rinck

Seit 1979 veranstaltet die Stadt Darmstadt im zweijährigen Rhythmus den *Literarischen März*, bei dem der *Leonce-und-Lena-Preis* für neue Lyrik vergeben wird. Die Anthologien enthalten die Gedichte der zum Vortrag eingeladenen LyrikerInnen, bio-bibliographische Daten, Fotos u. a. m. Seit dem Literarischen März 7 (1991) erscheinen die Dokumentationen bei Brandes & Apsel:

In keiner Zeit wird man zu spät geboren
Literarischer März 7 · Leonce-und-Lena-Preis 1991
228 S., Pb., ISBN 978-3-925798-06-1

Jeder Text ist ein Wortbruch
Literarischer März 8 · Leonce-und-Lena-Preis 1993
192 S., Pb., ISBN 978-3-86099-431-3

Die Worte zurechtgekämmt
Literarischer März 9 · Leonce-und-Lena-Preis 1995
160 S., Pb., ISBN 978-3-86099-445-0

Kein Reim auf Glück
Literarischer März 10 · Leonce-und-Lena-Preis 1997
192 S., Pb., ISBN 978-3-86099-460-3

Stunden, die sich miteinander besprechen
Literarischer März 11 · Leonce-und-Lena-Preis 1999
192 S., Pb., ISBN 978-3-86099-471-9

ZungenZergang
Literarischer März 12 · Leonce-und-Lena-Preis 2001
184 S., Pb., ISBN 978-3-86099-486-3

Das Klirren im Innern
Literarischer März 13 · Leonce-und-Lena-Preis 2003
248 S., Pb., ISBN 978-3-86099-499-3

SpinnenNetzTage
Literarischer März 14 · Leonce-und-Lena-Preis 2005
184 S., Pb., ISBN 978-3-86099-509-9

In diesem Garten Eden
Literarischer März 15 · Leonce-und-Lena-Preis 2007
192 S., Pb., ISBN 978-3-86099-528-0

Unter der Folie aus Luft
Literarischer März 16 · Leonce-und-Lena-Preis 2009
152 S., Pb., ISBN 978-3-86099-617-1

Windklug wie Sand
Literarischer März 17 · Leonce-und-Lena-Preis 2011
184 S., Pb., ISBN 978-3-86099-714-7

Fische im Blauen Rauch
Literarischer März 18 · Leonce-und-Lena-Preis 2013
160 S., Pb., ISBN 978-3-95558-043-8